BALTASAR

L'HOMME DE COUR

TRADUIT PAR

AMELOT DE LA HOUSSAIE

ET PRÉFACÉ PAR

HENRI FOCILLON

A PARIS

CHEZ L'IMPRIMEUR LÉON PICHON

5, RUE CHRISTINE, 5

L'HOMME
DE COUR.

BALTASAR GRACIAN

L'HOMME DE COUR

TRADUIT PAR

AMELOT DE LA HOUSSAIE

ET PRÉFACÉ PAR

HENRI FOCILLON

A PARIS

CHEZ L'IMPRIMEUR LÉON PICHON

5, RUE CHRISTINE, 5

1924

PRÉFACE.

ARMI les moralistes, les uns sont d'authentiques professeurs de vertu : ils nous la montrent dans son austérité mélancolique, dépourvue d'agréments et de grâces. On les lit à l'école, et le miracle, c'est qu'ils ne nous découragent pas de devenir d'honnêtes gens. D'autres nous accueillent au seuil de l'âge mûr et nous disent à voix basse que, s'il est difficile d'être vertueux, il faut enfin essayer d'être sage ; donnant congé à l'héroïsme et à la folie, ils nous consolent avec un grave sourire, le doigt levé, comme ces images mystérieuses que l'on voit à la porte des tombeaux et qui, scellant avec empire toute vaine parole sur leurs lèvres de

pierre, nous exhortent à la résignation et
au silence. D'autres condensent en apophtegmes le résultat de leur expérience et
distillent en gouttelettes d'or le pessimisme
de leurs regrets. D'autres sont des peintres
et figurent à nos yeux, en traits brillants,
en vives couleurs, le tableau de nos agitations inutiles, de nos passions petites, de
nos risibles travers. A la platitude des
hommes leur art prête un relief extraordinaire qui, loin de nous dégoûter de nos
manies et de nos sottises, finit par nous les
rendre spirituellement sympathiques : à
coup sûr, une humanité prudente, bonne
et modérée ferait une galerie de portraits
plus unis, et l'on est reconnaissant à des
originaux plus comiques que scélérats
d'avoir posé devant des peintres plus
habiles que sévères. D'autres sont d'exquis
flâneurs de la vie morale, non pas des
« pédants à la cavalière », mais des cavaliers
pourvus de bonne et solide doctrine, et
qui laissent paresseusement cheminer leur
monture, au hasard d'un sentier en lacets
qui revient à son point de départ. D'autres,
bons bourgeois de vieille roche, nous bâtissent une grosse charpente de vie moyenne,
une nef faite pour suivre des eaux modérées, à distance des orages et de la haute
mer, le long d'une rive égale et paisible.
Nous sentons plus de tendresse pour ceux
qui ont été éprouvés par de grandes dou-

leurs et qui, sous les coups qui les accablaient, ont conservé un cœur large et fort, enthousiaste de la gloire, amoureux de l'amitié. Nous méprisons les cyniques, et nous ne les détestons point. Tous, ceux qui nous admonestent comme ceux qui nous apaisent, ceux qui se regrettent comme ceux qui font des portraits, les censeurs intrépides et les vieux camarades cordiaux, les donneurs de bons gros conseils, les observateurs subtils et sensibles, nous les aimons, — moins parce qu'ils nous présentent quelque facette de vérité que parce qu'ils nous entretiennent de l'homme, ce délicieux ennemi qui est nous-même et à qui nous sommes si fort attachés. Aucun d'eux ne nous a rendus ni meilleurs ni plus sages, mais, tandis que nous les lisions, nous avons oublié d'être fous ou d'être méchants.

Gracian tient moins à nous améliorer qu'à nous raffiner en qualité, qu'à nous hausser, même au risque de nous durcir. Il ne méprise rien tant que le lâche et le médiocre, les trames peu serrées, les demi-projets, les vies sans but et sans modèle. Il est, entre tous, original et profond, par sa substance, par sa méthode. Il croit à la grandeur de l'homme, ou plutôt il l'imagine, il en dresse la statue, admirable et complexe. Il croit à la vertu, je veux dire qu'il la croit possible, mais il ne lui plaît pas qu'elle soit désarmée et candide. Il n'écrit pas pour un cénobite, ni même pour un dévot. Il pense qu'il est permis de faire son salut dans le monde, j'entends de s'y réaliser homme accompli, galant homme, homme fort. Peut-être est-il facile, après tout, de s'établir, à la Pierre Charron, dans la moyenne d'un confort spirituel qui ne connaît ni les inquiétudes ni les desseins d'un grand cœur. Et d'autre part, à l'extrême opposé, peut-être de nombreuses âmes, élégantes et fortes, sœurs, en modestie et en dignité, de notre Vauvenargues, gisent-elles, obscures et sans emploi, dans les provinces les plus reculées de la vertu. L'honnêteté vulgaire et active a son prix : c'est la monnaie de cuivre. Mais la qualité d'une âme rare est plus précieuse encore, parce qu'elle hausse l'homme : elle élève le cours. Il est indispensable qu'elle circule et se mêle à nous, il faut qu'elle sorte de ses ténèbres.

Mais n'est-elle pas d'avance une victime, et n'a-t-elle pas bien besoin d'être avertie ? Aussi Gracian a-t-il conçu la morale, non comme un décalogue, mais comme une technique. Elle lui est art plutôt que science, l'art le plus ondoyant, le plus nuancé, le plus circonstancié, je dirais presque le plus équivoque, mais le plus utile et le plus vrai. Prenons garde que Gracian n'a pas rédigé un simple Moyen

de parvenir. Des mains d'un ambitieux
grossier, son livre tomberait vite. Il prend
une âme de choix, il lui parle à voix basse,
il l'instruit, il lui donne des armes pour se
défendre et pour triompher, il lui montre
les cas, les particularités, les accidents, il
lui désigne, d'un doigt qui ne tremble pas,
la profondeur des abîmes qu'il lui faut
côtoyer. Avec lui, elle cesse d'être inno-
cente, et peu à peu nous croyons la voir
prendre un visage attentif et tendu. Elle
apprend à méditer, à supputer, à calculer,
et même à ruser, et même à feindre. Il la
déshabille de ses voiles légers et blancs, il
la lace dans un corselet d'acier. A la fois
plus souple et plus dure, elle est prête à
combattre.

Gracian appartient au dix-septième siècle. Il est espagnol. Il est jésuite. Son temps
est un merveilleux artisan d'analyse morale ; l'homme est le centre et l'objet de
toute étude, l'homme et ses passions,
l'homme dans la vie religieuse, l'homme
dans la vie de société. Le public de Cor-
neille est nourri de lectures théologiques et
de cartésianisme, le public de Racine est
instruit de toutes les doctrines de la grâce.
Admirable entraînement à jouer serré dans
l'art et l'exercice de la raison. Ce siècle se
délecte d'idées claires, comme nous nous
délectons de sentiments faux. La vie
sociale devenue plus stable, la grande

affaire, c'est de peindre le portrait de
l'homme, de l'homme tel qu'il doit être, de
l'honnête homme, de l'homme de cour.
Tous s'y emploient, des médiocres doués
de sagacité comme Nicolas Faret, des mon-
dains exquis et cachés, comme le chevalier
de Méré, à qui Pascal doit peut-être de
n'avoir pas été un géomètre visionnaire et
d'avoir formulé une doctrine de la vie de
l'esprit, les amis de La Rochefoucauld et
La Rochefoucauld lui-même, en un ou deux
traits qui éclairent tout. Gracian est bien le
contemporain de tous ces Français, et le
succès que ses livres obtinrent chez eux
le montre d'accord avec leurs préférences
intimes et le révèle comme un maître de
leurs spéculations favorites. Il ne se rencontre pas seulement avec eux dans le
domaine des idées claires. Comme eux, et
avant eux, il fait place à un élément ina-
nalysable, principe de toute activité supérieure, il essaie de capter et de nuancer
le je ne sais quoi, l'esprit de finesse, la
qualité. Le je ne sais quoi est âme et vie
de toute supériorité. Il tient beaucoup plus
du privilège que de l'étude. Il est au-dessus
de toute discipline. *Il se fait remarquer
jusque dans la manière de raisonner.*
Voilà l'essentiel. Nous sommes au centre.
L'importance du je ne sais quoi dans le
vocabulaire et dans l'éthique d'un Méré
est à rapprocher des chapitres que Gracian

consacre au même sujet dans le *Héros* et dans l'*Oraculo manual.*

Et Gracian est espagnol, espagnol et cultiste, artiste des lettres, et, plus encore, artiste de la vie spirituelle. Cette curiosité de raffinement, cette éblouissante virtuosité du mot qui distinguent sa génération dans l'histoire de la littérature ibérique, nous voyons par lui qu'elles ne sont pas seulement un lointain héritage des grammairiens arabes ou la dernière convulsion de la Renaissance, avant la mesure et la rigueur du classicisme mûr, mais qu'elles correspondent à une philosophie de la vie humaine, à une éthique. Son art d'écrire et son art de vivre sont d'accord, ou plutôt ils ne sont que deux aspects de la même pensée. « Veillez à ce que les propositions décorent votre style, qu'il s'avive de leurs difficultés mêmes, que son obscurité pique l'intérêt, qu'il s'élève par les hyperboles, que les gradations lui donnent de la profondeur, les allusions du mystère, les images de la finesse, l'ironie du sel, l'indignation du fiel, les sentences de la gravité, et qu'à tout cela se joigne cette justesse prudente qui est l'assaisonnement du discours. » Cette doctrine espagnole du bien dire est faite pour aiguiser singulièrement la pensée et pour fortifier le contrôle de l'homme sur lui-même. L'interpréter comme le délire compliqué d'un phraseur,

c'est la dénaturer du tout au tout. Gracian
est caballero. La nuance impondérable qui
distingue son héros de l'*honnête homme* à
la française, par exemple, cette profondeur
de vues, ces ironies mélancoliques, cette
amertume et ce dédain, c'est lui sans
doute, son expérience et son génie, mais
c'est l'Espagne aussi, l'Espagne de Velas-
quez et de Philippe IV. Une société à
compartiments, autour desquels circulent
les Gil Blas de la bohème picaresque, —
moins des rêveurs romantiques que des
ébauches ou des grimaces de courtisans,
— une cour où tout arrive, mais à l'intérieur d'une étiquette, où tout se fait par
des voies étroites, où l'homme est aux
aguets et guetté lui-même, une monarchie
où le favori est institution d'état permettent
de comprendre quelques tournures de ces
confidences.

Enfin Gracian est jésuite, et, dans sa
perspicacité, l'on ne voit pas paraître seulement un don personnel d'investigation et
d'analyse, mais la méthode et la doctrine
de sa compagnie, l'art de prendre les âmes
comme elles doivent être prises et de les
conduire là où elles doivent aller. C'est le
chemin de velours, si l'on veut, mais un
chemin hérissé d'obstacles contre lesquels
se briserait une fois de plus la lance de
Don Quichotte, parcouru d'allées et venues
obscures où se perdrait Sancho, mais d'où

l'homme de Gracian sort tout de même en héros. Héros, non par la franchise et par le visage découvert, non par la candeur d'une inspiration sublime (1), mais héros pour avoir déjoué tant d'âmes médiocres ou basses et, après avoir noué, dénoué tant de trames cachées, nous montrer ses mains miraculeusement fines, toujours nettes. Héros de tristesse aussi, pour avoir mené si longtemps la bataille sans s'abandonner un instant, pour avoir supputé toutes les énergies et toutes les astuces dont l'homme est capable, sans avoir partagé ses faiblesses autrement que par feinte et pour s'en emparer. On conçoit que cet art moral, extraordinaire contre-partie du chef-d'œuvre de Cervantès, ait étonné la vieillesse d'un siècle, rompu déjà à des exercices du même ordre, mais non de la même hauteur, qu'il ait séduit Schopenhauer, qui prit la peine de le traduire, enfin qu'il ait déconcerté M. John Morley, homme d'état anglais, essayiste apprécié, qui passe, le sourire aux lèvres, à côté de ces maximes si rares et si pleines, et qui n'y voit guère que d'ingénieuses banalités. Je n'ai pu vérifier si Saint-Evremond a fait à Gracian d'aussi larges « emprunts » qu'on l'a dit, et je ne le crois guère. Saint-Evremond se suffisait,

(1) Cf. l'esquisse de Philippe II, qu'on pourrait appeler *le héros de cabinet*, au chapitre VI du *Héros*, — *Exceller dans le grand*.

et il y a d'autre part en lui quelque chose
de dénoué, de sceptique. Gracian mêlé à
la vie, et non plus jésuite obscur, mais chef
de faction et doué de la *primauté,* ce n'est
pas Saint-Evremond, c'est le cardinal de
Retz. La Fronde, ce feu de jeunesse, a
dévoré là une âme à la Gracian. Retz y fut
un « héros », mais dans le banal d'intrigues
assez vulgaires. Elles lui suffirent pour
apprendre à connaître le fond des hommes
et pour exercer une sorte d'empire qui
nous subjugue encore.

Gracian lui-même, que fut-il ? C'était un
jésuite aragonais, nommé Baltasar Gracian
y Morales, né en 1601, mort en 1658. Rec-
teur du collège de Tarragone, il écrivit plus
d'ouvrages que nous n'en possédons, car
certains d'entre eux ont péri. La plupart
de ses livres furent publiés par les soins
de son ami Juan de Lastanosa et sous le
nom de *Lorenzo* Gracian. Ce fut d'abord
El Heroe (1630), puis *El Politico Don
Fernando el Catolico* (1640), l'*Arte de
Ingenio, tratado de la Agudeza* (1642), *El
Discreto* (1645), discrètement anonyme, *El
Criticon,* vaste tableau de mœurs en trois
parties, dont la première (1651) parut sous
l'anagramme García de Marlones, et où
l'on a cru pouvoir retrouver l'origine du
Vendredi de Daniel Defoë. Le *Criticon,*
publié sans l'autorisation des supérieurs
de Gracian, valut à son auteur d'être blâmé

en public, mis rigoureusement en cellule et privé de tous moyens d'écrire. En laissant de côté un ouvrage de piété, *El Comulgatorio* (1655), le seul dont Gracian ait reconnu la paternité, telle est, avec l'*Oraculo Manual y Arte de Prudencia* (1647), résumé de sa philosophie, dont nous donnons la traduction par Amelot de La Houssaye, la liste des œuvres connues de ce penseur énigmatique qui semble, par un vœu de prudence obstinée, par un goût de solitude intellectuelle et d'anonymat à la Stendhal, que justifient les mesures prises contre lui par la Compagnie et qu'expliquent mieux encore la substance et le ton de ses livres, avoir voulu exercer une sorte de royauté cachée, jouir silencieusement des délices de la haute pensée, et laisser tomber de lui, comme par fatigue, les fruits amers de son expérience.

De l'*Oraculo Manual* il y aurait quelque vanité à vouloir extraire un système, et pourtant, ce serait possible, chacune des maximes qui le composent étant, pour ainsi dire, en fonction de toutes les autres et toutes ensemble n'étant pas unies seulement entre elles par le lien que confèrent à des observations de cet ordre la force et la profondeur d'un grand esprit. C'est bien d'un *art* qu'il s'agit, ou, si l'on veut, d'une méthode. Mais chaque lecteur attentif a le droit d'en faire l'usage qui lui paraîtra le

plus propre à le contenter et à lui être utile,
et c'est un de ces livres qui, malgré leur
trame serrée, peuvent être commodément
ouverts à toute page. Une lecture superficielle et courante, un examen à vue de
pays n'enseignent rien des richesses sou-
terraines d'un ouvrage que l'on doit lire,
non seulement en long et en large, mais en
profondeur aussi. Les livres à trois dimen-
sions sont rares. On peut sans doute *se
servir* de celui-ci, mais il est plus sage
d'en profiter. L'ami de tout le monde y
apprendra ce que vaut un ennemi, pour la
qualité de notre discipline personnelle.
L'homme heureux saura, grâce à lui, se
défier de la névrose de la prospérité et, se
tenant toujours en haleine, hausser sa vie
à quelque chose de mieux que le bonheur.
L'homme d'intrigue et d'agitation y verra
le ridicule de ses procédés petits, en se
confrontant avec l'homme de bon aloi.
L'homme à passions courtes et à courtes
vues comprendra qu'il n'est pas de plus
grande seigneurie que celle de soi-même
et de ses passions, et qu'enfin il ne faut au
Sage que lui-même. Mais ce ne sont là que
quelques sommets de la pensée de Gracian,
des évidences frappées de lumière : elle
vaut plus encore par la profondeur des
ombres et par l'exquise finesse des demi-
jours.

Le nombre des éditions et des traductions de Gracian prouve la vogue dont il a joui dans l'Europe ancienne, et particulièrement en France. Ses œuvres essentielles ont été traduites dans notre langue : le *Héros* par Gervaise (1645) et par le P. de Courbeville, jésuite (1725), qui avait déjà donné une traduction du *Discreto* (1) sous le titre de l'*Homme universel* (1723), la première partie du *Criticon* par Maunory (l'*Homme détrompé*, 1705-1717), le *Politique* par Silhouette (1732) et, l'année suivante, par Courbeville encore.

Abraham-Nicolas Amelot de la Houssaye, d'Orléans (1634-1706), secrétaire d'ambassade à Venise, lettré de la bonne sorte, historien très-critique des institutions politiques de la république vénitienne, est l'auteur de la version française de l'*Oraculo manual,* qui, sous le titre de l'*Homme de Cour* (2), a été plusieurs fois imprimée (notamment à Paris et à Lyon, chez Jean

(1) Il ne semble pas qu'il y ait eu de traduction antérieure. « L'Avis au Lecteur qui est en tête de l'*Oraculo Manual*, dit Amelot, porte que le *Discret* a été traduit en français. Mais c'est une erreur de quelques gens qui ont cru que l'*Honnête Homme* de Faret était une traduction du *Discret* de Gracian. »

(2) Voici comment Amelot justifie son titre : « Bien que le titre d'*Homme de Cour*, pris au pied de la lettre, semble exclure tous ceux qui ne le sont pas, si est ce que, pris en son vrai sens, il n'exclut que ceux à qui le poète de cour défend de lire ses Odes, c'est-à-dire les Ignorants, les Mécaniques et les Esprits mal-faits. » Ce titre apparaît ainsi conforme à la fois à la tradition de la renaissance et à la *fonction* de l'élite sociale sous l'ancien régime.

Thioly, libraire, à la Palme, rue Mercière,
1684). Amelot a également traduit le *Prince*
de Machiavel et les *Annales* de Tacite. Il
savait choisir ses auteurs, et sa vie intellectuelle ne paraît pas dépourvue d'unité.
C'est sa traduction que nous donnons ici.
Nous n'avons pas cru devoir conserver les
notes dont elle est encombrée, pas plus
qu'une introduction, aujourd'hui dépourvue d'intérêt, et une dédicace à Louis XIV,
éclatante de platitude.

HENRI FOCILLON.

L'HOMME

DE COUR.

L'HOMME
DE COUR.

MAXIME I.

*Tout est maintenant au point de sa
perfection, et l'habile homme
au plus haut.*

L faut aujourd'hui plus de
conditions pour faire un
sage, qu'il n'en fallut an-
ciennement pour en faire
sept ; et il faut en ce tems-ci plus

d'habileté pour traiter avec un seul homme, qu'il n'en falloit autrefois pour traiter avec tout un peuple.

MAXIME II.
L'esprit et le génie.

CE sont les deux points où consiste la réputation de l'homme. Avoir l'un sans l'autre, ce n'est être heureux qu'à demi. Ce n'est pas assez que d'avoir bon entendement, il faut encore du génie. C'est le malheur ordinaire des mal-habiles gens de se tromper dans le choix de leur profession, de leurs amis, et de leur demeure.

MAXIME III.
Ne se point ouvrir, ni déclarer.

L'ADMIRATION que l'on a pour la nouveauté est ce qui fait estimer les succès. Il n'y a point d'utilité, ni de plaisir, à joüer à jeu découvert. De ne se pas déclarer incontinent, c'est le moïen de tenir les esprits en suspens, sur-tout dans les choses importantes, qui font l'objet de l'attente universelle. Cela fait croire qu'il y a du mystère en tout, et le secret excite la vénération. Dans la manière de s'expliquer, on doit éviter de parler trop clairement ; et, dans la conversation, il ne faut pas toujours parler à cœur ouvert. Le silence est le sanctuaire de la prudence. Une résolution déclarée ne fut jamais estimée. Celui qui se déclare s'expose à la censure, et, s'il ne réüssit pas, il est doublement malheureux. Il faut donc imiter le procédé de Dieu, qui tient tous les hommes en suspens.

MAXIME IV.

Le savoir et la valeur font réciproquement les grans hommes.

CES deux qualitez rendent les hommes immortels, parce

qu'elles le sont. L'homme n'est grand qu'autant qu'il sait ; et, quand il sait, il peut tout. L'homme qui ne sait rien, c'est le monde en ténèbres. La prudence et la force sont ses yeux et ses mains. La science est stérile, si la valeur ne l'accompagne.

MAXIME V.

Se rendre toujours nécessaire.

CE n'est pas le doreur qui fait un Dieu, c'est l'adorateur. L'homme d'esprit aime mieux trouver des gens dépendans que des gens reconnoissans. Tenir les gens en espérance, c'est courtoisie ; se fier à leur reconnoissance, c'est simplicité. Car il est aussi ordinaire à la reconnoissance d'oublier, qu'à l'espérance de se souvenir. Vous tirez toujours plus de celle-ci que de l'autre. Dès que l'on a bû, l'on tourne le dos à la fontaine ; dès qu'on a pressé l'orange, on la jette à terre. Quand

la dépendance cesse, la correspondance cesse aussi, et l'estime avec
elle. C'est donc une leçon de l'expérience, qu'il faut faire en sorte qu'on
soit toujours nécessaire, et même à
son Prince ; sans donner pourtant
dans l'excès de se taire pour faire
manquer les autres, ni rendre le mal
d'autrui incurable pour son propre
intérest.

MAXIME VI.

L'homme au comble de sa perfection.

IL ne naît pas tout fait, il se perfectionne de jour en jour dans
ses mœurs et dans son emploi, jusqu'à ce qu'il arrive enfin au point
de la consommation. Or l'homme
consommé se reconnoît à ces mar-
ques : au goût fin, au discernement,
à la solidité du jugement, à la docilité
de la volonté, à la circonspection
des paroles et des actions. Quelques-
uns n'arrivent jamais à ce point, il

leur manque toujours je ne sais quoi ;
et d'autres n'y arrivent que tard.

MAXIME VII.
Se bien garder de vaincre son maître.

TOUTE supériorité est odieuse ;
mais celle d'un sujet sur son
Prince est toujours folle, ou fatale.
L'homme adroit cache des avantages vulgaires, ainsi qu'une femme
modeste déguise sa beauté sous un
habit négligé. Il se trouvera bien
qui voudra céder en bonne fortune,
et en belle humeur ; mais personne
qui veüille céder en esprit, encore
moins un Souverain. L'esprit est le
roi des attributs ; et, par conséquent,
chaque offense qu'on lui fait est un
crime de lese-majesté. Les Souverains le veulent être en tout ce qui
est le plus éminent. Les Princes
veulent bien être aidez, mais non
surpassez. Ceux qui les conseillent
doivent parler comme des gens

qui les font souvenir de ce qu'ils
oublioient, et non point comme leur
enseignant ce qu'ils ne savoient pas.
C'est une leçon que nous font les
astres qui, bien qu'ils soient les
enfans du Soleil, et tout brillans, ne
paroissent jamais en sa compagnie.

MAXIME VIII.

L'homme qui ne se passionne jamais.

C'EST la marque de la plus
grande sublimité d'esprit, puisque c'est par là que l'homme se met
au-dessus de toutes les impressions
vulgaires. Il n'y a point de plus
grande seigneurie que celle de soi-
même, et de ses passions. C'est là
qu'est le trionfe du franc-arbitre.
Si jamais la passion s'empare de
l'esprit, que ce soit sans faire tort à
l'emploi, sur-tout si c'en est un
considérable. C'est le moïen de
s'épargner bien des chagrins, et de
se mettre en haute réputation.

MAXIME IX.

Démentir les défauts de sa nation.

L'EAU prend les bonnes ou mauvaises qualitez des mines par où elle passe ; et l'homme celles du climat où il naît. Les uns doivent plus que les autres à leur patrie, pour y avoir rencontré une plus favorable étoile. Il n'y a point de nation, si polie qu'elle soit, qui n'ait quelque défaut originel que censurent ses voisins, soit par précaution, ou par émulation. C'est une victoire d'habile homme de corriger, ou du moins de faire mentir la censure de ces défauts. L'on acquiert par là le renom glorieux d'être unique, et cette exemption du défaut commun est d'autant plus estimée que personne ne s'y attend. Il y a aussi des défauts de famille, de profession, d'emploi, et d'âge qui, venant à se trouver tous dans un même sujet, en font un monstre insupportable, si l'on ne les prévient de bonne-heure.

MAXIME X.

Fortune et renommée.

L'UNE a autant d'inconstance que l'autre a de fermeté. La première sert durant la vie, et la seconde après. L'une resiste à l'envie, l'autre à l'oubli. La fortune se desire, et se fait quelquefois avec l'aide des amis ; la renommée se gagne à force d'industrie. Le desir de la réputation naît de la vertu. La renommée a été et est la sœur des geans : elle va toujours par les extrémitez de l'applaudissement, ou de l'exécration.

MAXIME XI.

Traiter avec ceux de qui l'on peut apprendre.

LA conversation familière doit servir d'école d'érudition et de politesse. De ses amis, il en faut faire ses maîtres, assaisonnant le plaisir de converser, de l'utilité d'apprendre. Entre les gens d'esprit la joüissance est réciproque. Ceux qui parlent sont païez de l'applaudissement qu'on donne à ce qu'ils disent ; et ceux qui écoutent, du profit qu'ils en reçoivent. Notre intérest propre nous porte à converser. L'homme d'entendement fréquente les bons courtisans, dont les maisons sont plutôt les théâtres de l'héroïsme que les palais de la vanité. Il y a des hommes qui, outre qu'ils sont eux-mêmes des oracles qui instruisent autrui par leur exemple, ont encore ce bonheur que leur cortège est une académie de prudence et de politesse.

MAXIME XII.

La Nature et l'art ; la matière
et l'ouvrier.

IL n'y a point de beauté sans aide, ni de perfection qui ne donne dans le barbarisme, si l'art n'y met la main. L'art corrige ce qui est mauvais, et perfectionne ce qui est bon. D'ordinaire, la Nature nous épargne le meilleur, afin que nous aïons recours à l'art. Sans l'art, le meilleur naturel est en friche ; et, quelque grans que soient les talens d'un homme, ce ne sont que des demi-talens, s'ils ne sont pas cultivez. Sans l'art, l'homme ne fait rien comme il faut, et est grossier en tout ce qu'il fait.

MAXIME XIII.

*Procéder quelquefois finement,
quelquefois rondement.*

LA vie humaine est un combat contre la malice de l'homme même. L'homme adroit y emploie pour armes les stratagèmes de l'intention. Il ne fait jamais ce qu'il montre avoir envie de faire ; il mire un but, mais c'est pour tromper les yeux qui le regardent. Il jette une parole en l'air, et puis il fait une chose à quoi personne ne pensoit.

S'il dit un mot, c'est pour amuser l'attention de ses rivaux ; et, dès qu'elle est occupée à ce qu'ils pensent, il exécute aussi-tôt ce qu'ils ne pensoient pas. Celui donc qui veut se garder d'être trompé prévient la ruse de son compagnon par de bonnes réflexions. Il entend toujours le contraire de ce qu'on veut qu'il entende, et, par là, il découvre incontinent la feinte. Il laisse passer le premier coup, pour attendre de pié ferme le second, ou le troisième. Et puis, quand son artifice est connu, il raffine sa dissimulation, en se servant de la vérité même pour tromper. Il change de jeu et de batterie, pour changer de ruse. Son artifice est de n'en avoir plus, et toute sa finesse est de passer de la dissimulation précédente à la candeur. Celui qui l'observe, et qui a de la pénétration, connoissant l'adresse de son rival, se tient sur ses gardes, et découvre les ténébres revétuës de la lumière. Il déchiffre un procédé d'autant plus caché que tout y est sincère. Et c'est ainsi que la finesse de Pithon combat contre la candeur d'Apollon.

MAXIME XIV.

La chose et la manière.

CE n'est pas assez que la substance, il y faut aussi la circonstance. Une mauvaise manière gâte tout, elle défigure même la justice et la raison. Au contraire, une belle manière supplée à tout, elle dore le refus, elle adoucit ce qu'il y a d'aigre dans la vérité ; elle ôte les rides à la vieillesse. Le *comment* fait beaucoup en toutes choses. Une manière dégagée enchante les esprits, et fait tout l'ornement de la vie.

MAXIME XV.

Se servir d'esprits auxiliaires.

C'EST où consiste le bonheur des grans que d'avoir auprès

d'eux des gens d'esprit qui les tirent
de l'embarras de l'ignorance en leur
débroüillant les affaires. De nourrir
des Sages, c'est une grandeur qui
surpasse le faste barbare de ce
Tigranes qui affectoit de se faire servir par les Rois qu'il avoit vaincus.
C'est un nouveau genre de domina-
tion que de faire par adresse nos
serviteurs de ceux que la Nature a
faits nos maîtres. L'homme a beaucoup à savoir, et peu à vivre ; et il
ne vit pas s'il ne sait rien. C'est
donc une singulière adresse d'étudier
sans qu'il en coûte, et d'apprendre
beaucoup en apprenant de tous. Après
cela vous voïez un homme parler
dans une assemblée par l'esprit de
plusieurs ; ou plutôt ce sont autant
de Sages qui parlent par sa bouche,
qu'il y en a qui l'ont instruit auparavant. Ainsi, le travail d'autrui le
fait passer pour un oracle, attendu
que ces Sages lui dressent sa leçon,
et lui distillent leur savoir en quint'
essence. Au reste, que celui qui ne

pourra avoir la Sagesse pour ser-
vante tâche du moins de l'avoir pour
compagne.

MAXIME XVI.

Le savoir et la droite intention.

L'UN et l'autre ensemble sont
la source des bons succès. Un
bon entendement avec une mauvaise
volonté, c'est un mariage monstrueux.
La mauvaise intention est le poison
de la vie humaine, et, quand elle
est secondée du savoir, elle en fait
plus de mal. C'est une malheureuse
habileté que celle qui s'emploie à
faire mal. La science dépourvüe du
bon sens est une double folie.

MAXIME XVII.

*Ne pas tenir toujours un même
procédé.*

IL est bon de varier, pour frustrer
la curiosité, sur-tout celle de vos

envieux. Car, s'ils viennent à remarquer l'uniformité de vos actions, ils
préviendront et, par conséquent, ils
feront avorter vos entreprises. Il est
aisé de tuer l'oiseau qui vole droit,
mais non pas celui qui n'a point de
vol réglé. Il ne faut pas aussi toujours
ruser, car, au second coup, la ruse
seroit découverte. La malice est aux
aguets, il faut beaucoup d'adresse
pour se défaire d'elle. Le fin joüeur
ne joüe jamais la carte qu'attend son
adversaire, encore moins celle qu'il
desire.

MAXIME XVIII.
L'application et le génie.

PERSONNE ne sauroit être
éminent, s'il n'a l'un et l'autre.
Lorsque ces deux parties concourent
ensemble, elles font un grand homme.
Un esprit médiocre qui s'applique,
va plus loin qu'un esprit sublime
qui ne s'applique pas. La réputation

s'acquiert à force de travail. Ce qui coûte peu ne vaut guère. L'application a manqué à quelques-uns, et même dans les plus hauts emplois. Tant il est rare de forcer son génie ! Aimer mieux être médiocre dans un emploi sublime qu'excellent dans un médiocre, c'est un desir que la générosité rend excusable. Mais celui-là ne l'est point, qui se contente d'être médiocre dans un petit emploi, lorsqu'il pourroit exceller dans un grand. Il faut donc avoir l'art et le génie, et puis l'application y met la dernière main.

MAXIME XIX.

N'être point trop prôné par les bruits de la renommée.

C'EST le malheur ordinaire de tout ce qui a été bien vanté, de n'arriver jamais au point de perfection que l'on s'étoit imaginé. La réalité n'a jamais pu égaler l'imagi-

nation, d'autant qu'il est aussi difficile d'avoir toutes les perfections,
qu'il est aisé d'en avoir l'idée. Comme
l'imagination a le desir pour époux,
elle conçoit toujours beaucoup au
delà de ce que les choses sont en
effet. Quelque grandes que soient
les perfections, elles ne contentent
jamais l'idée. Et, comme chacun se
trouve frustré de son attente, l'on se
désabuse au lieu d'admirer. L'espérance falsifie toujours la vérité. C'est
pourquoi la prudence doit la corriger,
en faisant en sorte que la joüissance
surpasse le desir. Certains commencemens de crédit servent à réveiller
la curiosité, mais sans engager l'objet. Quand l'effet surpasse l'idée et
l'attente, cela fait plus d'honneur.
Cette règle est fausse pour le mal, à
qui la même exagération sert à
démentir la médisance ou la calom-
nie avec plus d'applaudissement, en
faisant paroître tolérable ce qu'on
croïoit être l'extrémité même du
mal.

MAXIME XX.
L'homme dans son siècle.

LES gens d'éminent mérite dépendent des tems. Il ne leur est pas venu à tous celui qu'ils méritoient ; et, de ceux qui l'ont eu, plusieurs n'ont pas eu le bonheur d'en profiter. D'autres ont été dignes d'un meilleur siècle. Témoignage que tout ce qui est bon ne trionfe pas toujours. Les choses du monde ont leurs saisons, et ce qu'il y a de plus éminent est sujet à la bizarrerie de l'usage. Mais le Sage a toujours cette consolation qu'il est éternel ; car, si son siècle lui est ingrat, les siècles suivans lui font justice.

MAXIME XXI.
L'art d'être heureux.

IL y a des règles de bonheur, et le bonheur n'est pas toujours fortuit à l'égard du Sage ; son indus-

trie y peut aider. Quelques-uns se
contentent de se tenir à la porte de
la fortune, en bonne posture, et attendent qu'elle leur ouvre. D'autres
font mieux, ils passent plus avant,
à la faveur de leur hardiesse et de
leur mérite, et tôt ou tard ils gagnent
la fortune, à force de la cajoler.
Mais, à bien filosofer, il n'y a point
d'autre arbitre que celui de la vertu
et de l'application ; car, comme l'imprudence est la source de toutes les
disgrâces de la vie, la prudence en
fait tout le bonheur.

MAXIME XXII.

Estre homme de mise.

L'ÉRUDITION galante est la
provision des honnêtes gens.
La connoissance de toutes les affaires
du tems, les bons mots dits à propos,
les façons de faire agréables, font
l'homme à la mode ; et, plus il a de
tout cela, moins il tient du vulgaire.
Quelquefois un signe, ou un geste,

fait plus d'impression que toutes les leçons d'un maître sévère. L'art de converser a plus servi à quelques-uns que les sept arts-libéraux ensemble.

MAXIME XXIII.

N'avoir point de tache.

A toute perfection il y a un *si,* ou un *mais.* Il y a tres-peu de gens qui soient sans défauts, soit dans les mœurs, ou dans le corps. Mais il y en a beaucoup qui font vanité de ces défauts, qu'il leur seroit aisé de corriger. Quand on voit le moindre défaut dans un homme accompli, l'on dit que c'est dommage, parce qu'il ne faut qu'un nuage pour éclipser tout le Soleil. Ces défauts sont des taches, où l'envie s'attache d'abord pour contrôler. Ce seroit un grand coup d'habileté de les changer en perfections, comme fit Jules César qui, étant chauve, couvrit ce défaut de l'ombre de ses lauriers.

MAXIME XXIV.

Modérer son imagination.

LE vrai moïen de vivre heureux, et d'être toujours estimé Sage, est, ou de la corriger, ou de la ménager. Autrement, elle prend un empire tirannique sur nous, et, sortant des bornes de la spéculation, elle se rend si fort la maîtresse que la vie est heureuse ou malheureuse selon les différentes idées qu'elle nous imprime. Car il y en a à qui elle ne représente que des peines, et dont la folie la fait devenir leur bourreau domestique ; et d'autres à qui elle ne propose que des plaisirs et des grandeurs, se plaisant à les divertir en songe. Voilà tout ce que peut l'imagination, quand la raison ne la tient pas en bride.

MAXIME XXV.

Estre bon entendeur.

SAVOIR discourir, c'étoit autrefois la science des sciences ; au-

jourd'hui cela ne suffit pas, il faut
deviner, et sur-tout en matière de se
désabuser. Qui n'est pas bon entendeur ne peut pas être bien entendu.
Il y a des espions du cœur et des
intentions. Les véritez qui nous importent davantage ne sont jamais
dites qu'à demi. Que l'homme d'esprit en prenne tout le sens, serrant
la bride à la crédulité dans ce qui
paroît avantageux, et la lâchant à la
créance de ce qui est odieux.

MAXIME XXVI.

Trouver le foible de chacun.

C'EST l'art de manier les volontez et de faire venir les hommes
à son but. Il y va plus d'adresse
que de résolution à savoir par où il
faut entrer dans l'esprit de chacun.
Il n'y a point de volonté qui n'ait
sa passion dominante ; et ces passions
sont différentes selon la diversité des
esprits. Tous les hommes sont idolâtres, les uns de l'honneur, les autres

de l'intérest, et la pluspart de leur
plaisir. L'habileté est donc de bien
connoître ces idoles, pour entrer
dans le foible de ceux qui les ado-
rent : c'est comme tenir la clef de
la volonté d'autrui. Il faut aller au
premier mobile : or ce n'est pas
toujours la partie supérieure, le plus
souvent c'est l'inférieure ; car, en ce
monde, le nombre de ceux qui sont
déréglez est bien plus grand que
celui des autres. Il faut premièrement connoître le vrai caractère de
la personne, et puis lui tâter le pouls,
et l'attaquer par sa plus forte passion ;
et l'on est assuré par là de gagner la
partie.

MAXIME XXVII.

Préférer l'intension à l'extension.

LA perfection ne consiste pas
dans la quantité, mais dans la
qualité. De tout ce qui est tres-bon, il
y en a toujours tres-peu ; ce dont il y
a beaucoup est peu estimé ; et, parmi

les hommes même, les geans y passent
d'ordinaire pour les vrais nains.
Quelques-uns estiment les livres par
la grosseur, comme s'ils étoient faits
pour charger les bras, plutôt que
pour exercer les esprits. L'extension
toute seule n'a jamais pu passer les
bornes de la médiocrité ; et c'est le
malheur des gens universels de
n'exceller en rien, pour avoir voulu
exceller en tout. L'intension donne
un rang éminent, et fait un héros si
la matière est sublime.

MAXIME XXVIII.

N'avoir rien de vulgaire.

O que celui-là avoit bon goût,
qui se déplaisoit de plaire à
plusieurs ! Les Sages ne se repaissent
jamais des applaudissemens du vulgaire. Il y a des caméléons de goût
si populaire qu'ils prennent plus de
plaisir à humer un air grossier qu'à
sentir les doux zéfirs d'Apollon. Ne
te laisse point ébloüir à la vüe des

miracles du vulgaire. Les ignorans
sont toujours dans l'étonnement.
C'est par où la folie commune admire,
que le discernement du Sage se désabuse.

MAXIME XXIX.

Estre homme droit.

IL faut toujours être du côté de la
raison, et si constamment que
ni la passion vulgaire, ni aucune
violence tirannique ne fasse jamais
abandonner son parti. Mais où trou-
vera-t-on ce fénix ? Certes, l'équité
n'a guère de partisans, beaucoup de
gens la loüent, mais sans lui donner
entrée chez eux. Il y en a d'autres
qui la suivent jusqu'au danger, mais
quand ils y sont, les uns, comme
faux amis, la renient ; et les autres,
comme politiques, font semblant de
ne la pas connoître. Elle, au contraire, ne se soucie point de rompre
avec les amis, avec les puissances,
ni même avec son propre intérest ;

et c'est là qu'est le danger de la méconnoître. Les gens rusez se tiennent neutres, et, par une métafisique plausible, tâchent d'accorder la raison d'état avec leur conscience. Mais l'homme de bien prend ce ménagement pour une espèce de trahison, se piquant plus d'être constant que d'être habile. Il est toujours où est la vérité ; et, s'il laisse quelquefois les gens, ce n'est pas qu'il soit changeant, mais parce qu'ils ont été les premiers à abandonner la raison.

MAXIME XXX.

N'affecter point d'emplois extraordinaires, ni chimériques.

CETTE affectation ne sert qu'à s'attirer du mépris. Le caprice a formé plusieurs sectes, l'homme sage n'en doit épouser aucune. Il y a des goûts étrangers qui n'aiment rien de tout ce qu'aiment les autres. Tout ce qui est singulier leur plaît. Il est

vrai que cela les fait connoître, mais
c'est plutôt pour être moquez que
pour être estimez. Ceux même qui
font profession d'être Sages doivent
bien se garder de l'affecter ; à plus
forte raison ceux qui sont d'une
profession qui rend ses partisans
ridicules. On ne nomme point ici
ces emplois, d'autant que le mépris
que chacun en fait les fait assez
connoître.

MAXIME XXXI.

*Connoître les gens heureux, pour
s'en servir ; et les malheureux,
pour s'en écarter.*

D'ORDINAIRE, le malheur est
un effet de la folie ; et il n'y a
point de contagion plus dangereuse
que celle des malheureux. Il ne faut
jamais ouvrir la porte au moindre
mal, car il en vient toujours d'autres
après, et même de plus grans qui
sont en embuscade. La vraie science

au jeu est de savoir *écarter* ; la plus
basse de la couleur qui tourne vaut
mieux que la plus haute de la partie
précédente. Dans le doute, il n'y a
rien de meilleur que de s'adresser
aux sages ; tôt ou tard on s'en trouvera bien.

MAXIME XXXII.

Avoir le renom de contenter chacun.

CELA met en réputation ceux
qui gouvernent : c'est par où les
Souverains gagnent la bienveillance
publique. Le seul avantage qu'ils
ont est de pouvoir faire plus de bien
que tout le reste des hommes. Les
vrais amis sont ceux qu'on se fait
à force d'amitiez. Mais il y a des
gens qui sont sur le pié de ne contenter personne, non pas tant à cause
que cela leur seroit à charge, que
parce que leur naturel répugne à
faire plaisir : contraires en tout à la
Bonté Divine, qui se communique
incessamment.

MAXIME XXXIII.
Savoir se soustraire.

SI c'est une grande science que de savoir refuser des grâces, c'en est une plus grande de se savoir refuser à soi-même, aux affaires, et aux visites. Il y a des occupations importunes qui rongent le tems le plus précieux. Il vaut mieux ne rien faire que de s'occuper mal à propos. Il ne suffit pas, pour être homme prudent, de ne faire point d'intrigues ; mais il faut encore éviter d'y être mêlé. Il ne faut pas être si fort à chacun que l'on ne soit plus à soi-même. On ne doit point abuser de ses amis, ni rien exiger d'eux au delà de ce qu'ils accordent volontiers. Tout ce qui est excessif est vicieux, surtout dans la conversation ; et l'on ne sauroit se conserver l'estime et la bienveillance des gens, sans ce tempérament, d'où dépend la bienséance. Il faut mettre toute sa liberté à si bien choisir que l'on ne pèche jamais contre le bon goût.

MAXIME XXXIV.

Connoître son fort.

CETTE connoissance sert à cultiver ce que l'on a d'excellent, et
à perfectionner ce que l'on a de commun. Bien des gens fussent devenus
de grans personnages, s'ils eussent
connu leur vrai talent. Connoissez-
donc le vôtre, et joignez-y l'application. Dans les uns, le jugement l'emporte, et, dans les autres, le courage.
La pluspart font violence à leur génie;
d'où il arrive qu'ils n'excellent jamais
en rien. L'on quitte fort tard ce que la
passion a fait épouser de bonne heure.

MAXIME XXXV.

*Peser les choses selon leur juste
valeur.*

LES fous ne périssent que faute
de ne penser à rien. Comme
ils ne conçoivent pas les choses, ils
ne voient ni le dommage, ni le profit; et, par conséquent, ils ne s'en

mettent point en peine. Quelques-uns
font grand cas de ce qui importe peu,
et n'en font guère de ce qui importe
beaucoup, parce qu'ils prennent tout
à rebours. Plusieurs, faute de sentiment, ne sentent pas leur mal. Il y
a des choses où l'on ne sauroit trop
penser. Le Sage fait réflexion à tout,
mais non pas également. Car il creuse
où il y a du fond, et quelquefois il
pense qu'il y en a encore plus qu'il ne
pense : si bien que sa réflexion va
jusqu'où est allée son appréhension.

MAXIME XXXVI.

*Sonder sa fortune et ses forces,
avant que de s'embarquer dans
aucune entreprise.*

CETTE expérience est bien plus
nécessaire que la connoissance
de notre tempérament. Si c'est être
fou que de commencer à quarante
ans à consulter Hipocrate sur sa
santé, celui-là l'est encore plus qui
commence, à cet age, d'aller à l'école

de Senèque pour apprendre à vivre.
C'est un grand point que de savoir
gouverner la Fortune, soit en atten-
dant sa belle humeur (car elle prend
plaisir à être attendüe), ou en la prenant telle qu'elle vient ; car elle a un
flux et un reflux, et il est impossible
de la fixer, hétéroclite et changeante
comme elle est. Que celui qui l'a
souvent éprouvée favorable ne cesse
point de la presser, d'autant qu'elle
a coutume de se déclarer pour les
gens hardis, et que, comme galante,
elle aime les jeunes gens. Que celui
qui est malheureux se retire, pour ne
pas recevoir l'affront d'être maltraité
deux fois devant un concurrent
heureux.

MAXIME XXXVII.

*Deviner où portent de petits mots
qu'on nous jette en passant, et
savoir en tirer du profit.*

C'EST là le plus délicat endroit
du commerce du monde ; c'est

la plus fine sonde des replis du cœur humain. Il y a des pointes malicieuses, outrées, et trempées dans le fiel de la passion. Ce sont des coups de foudre imperceptibles, qui font quitter prise à ceux qu'ils frappent. Un petit mot a souvent précipité du faîte de la faveur des gens qui n'avoient pas seulement été ébranlez des murmures de tout un peuple bandé contre eux. Il y a d'autres mots, ou rencontres, qui font un effet tout contraire, c'est-à-dire qui soutiennent et augmentent la réputation de ceux dont il est parlé. Mais comme ils sont jetez avec adresse, il faut aussi les recevoir avec précaution ; car la sûreté consiste à connoître l'intention, et le coup prévu est toujours paré.

MAXIME XXXVIII.

Savoir se modérer dans la bonne fortune.

C'EST un coup de bon joüeur en fait de réputation. Une belle retraite vaut bien une belle entreprise. Quand on a fait de grans exploits, il en faut mettre la gloire à couvert en se retirant du jeu. Une prospérité continüe a toujours été suspecte ; celle qui est entremêlée est plus sûre : un peu d'aigre-doux la fait trouver meilleure. Plus les prospéritez s'entassent les unes sur les autres, et plus elles sont glissantes et sujettes au revers. La brièveté de la joüissance est quelquefois récompensée par la qualité du plaisir. La Fortune se lasse de porter toujours un même homme sur son dos.

MAXIME XXXIX.

Connoître l'essence et la saison des choses, et savoir s'en servir.

LES œuvres de la Nature arrivent toujours au point ordinaire de leur perfection ; elles vont toujours en augmentant, jusqu'à ce qu'elles y parviennent ; et puis toujours en diminuant, dès qu'elles y sont par-

venües. Au contraire, celles de l'art
ne sont presque jamais si parfaites
qu'elles ne le puissent encore être
davantage. C'est une marque de
goût fin de discerner ce qu'il y a
d'excellent dans chaque chose ; mais
peu de gens en sont capables, et
ceux qui le peuvent ne le font pas
toujours. Il y a un point de maturité
jusque dans les fruits de l'entendement, et il importe de connoître ce
point pour en faire son profit.

MAXIME XL.

Se faire aimer de tous.

C'EST beaucoup d'être admiré,
mais c'est encore plus d'être
aimé. La bonne étoile y contribüe
quelque chose, mais l'industrie tout
le reste ; celle-ci achève ce que l'autre
ne fait que commencer. Un éminent
mérite ne suffit pas, bien que véritablement il soit aisé de gagner l'affection, dès que l'on a gagné l'estime.
Pour être aimé, il faut aimer, il

faut être bienfaisant, il faut donner de bonnes paroles, et encore de meilleurs effets. La courtoisie est la magie politique des grans personnages. Il faut premièrement mettre la main aux grandes affaires, et puis l'étendre libéralement aux bonnes plumes ; emploïer alternativement l'épée et le papier. Car il faut rechercher la faveur des écrivains qui immortalisent les grans exploits.

MAXIME XLI.
N'exagérer jamais.

C'EST faire en homme sage de ne parler jamais en superlatifs, car cette manière de parler blesse toujours, ou la vérité, ou la prudence. Les exagérations sont autant de prostitutions de la réputation, en ce qu'elles découvrent la petitesse de l'entendement et le mauvais goût de celui qui parle. Les loüanges excessives réveillent la curiosité et aiguillonnent l'envie ; de sorte que, si le mérite ne correspond pas au prix qu'on lui a donné, comme il arrive d'ordinaire, l'opinion commune se révolte contre la tromperie, et tourne le flatteur et le flatté en ridicules. C'est pourquoi l'homme prudent va bride en main, et aime mieux pécher par le trop-peu que par le trop. L'excellence est rare, et, par conséquent, il faut mesurer son estime. L'exagération est une sorte de mensonge ; à exagérer, on se fait passer pour homme de mauvais goût et, qui pis est, pour homme de peu d'entendement.

MAXIME XLII.
De l'ascendant.

C'EST une certaine force secrète de supériorité, qui vient du naturel et non de l'artifice ni de l'affectation. Chacun s'y soumet sans savoir comment, sinon que l'on cède à une vertu insinuante de l'autorité naturelle d'un autre. Ces génies

dominans sont rois par mérite, et
lions par un privilège qui est né
avec eux. Ils s'emparent du cœur et
de la langue des autres, par un je-
ne-sais-quoi qui les fait respecter.
Quand de tels hommes ont les autres
qualitez requises, ils sont nez pour
être les premiers mobiles du gouvernement politique, d'autant qu'ils
en font plus, d'un signe, que ne
feroient les autres avec tous leurs
efforts et tous leurs raisonnemens.

MAXIME XLIII.

*Parler comme le vulgaire, mais
penser comme les Sages.*

VOULOIR aller contre le cou-
rant, c'est une chose où il est
aussi impossible de réüssir qu'il est
aisé de s'exposer au danger; il n'y a
qu'un Socrate qui le pût entreprendre. La contradiction passe pour une
offense, parce que c'est condamner le
jugement d'autrui. Les mécontens
se multiplient, tantôt à cause de la

chose que l'on censure, tantôt à
cause des partisans qu'elle avoit.
La vérité est connüe de tres-peu de
gens, les fausses opinions sont reçües
de tout le reste du monde. Il ne faut
pas juger d'un Sage par les choses
qu'il dit, attendu qu'alors il ne parle
que par emprunt, c'est-à-dire par la
voix commune, quoique son sentiment démente cette voix. Le Sage
évite autant d'être contredit que de
contredire. Plus son jugement le
porte à la censure, et plus il se garde
de la publier. L'opinion est libre,
elle ne peut ni ne doit être violentée.
Le Sage se retire dans le sanctuaire
de son silence ; et, s'il se communique
quelquefois, ce n'est qu'à peu de
gens, et toujours à d'autres Sages.

MAXIME XLIV.

Sympathiser avec les grans hommes.

C'EST une qualité de héros que
d'aimer les héros ; c'est un ins-
tinct secret que la nature donne à

ceux qu'elle veut conduire à l'héroïsme. Il y a une parenté de cœurs
et de génies, et ses effets sont ceux
que le vulgaire ignorant attribüe aux
enchantemens. Cette sympathie n'en
demeure pas à l'estime, elle va jusqu'à la bienveillance, d'où elle arrive
enfin à l'attachement ; elle persuade
sans parler, elle obtient sans recommandation. Il y en a une active et
une passive, et plus elles sont sublimes, plus elles sont heureuses.
L'adresse est de les connoître, de les
distinguer, et d'en savoir faire l'usage
qu'il faut. Sans cette inclination, tout
le reste ne sert de rien.

MAXIME XLV.

User de réflexion, sans en abuser.

LA réflexion ne doit être ni
affectée, ni connüe. Tout artifice doit se cacher, d'autant qu'il est
suspect ; encore plus toute précaution, parce qu'elle est odieuse. Si la
tromperie est en règne, redoublez

votre vigilance, mais sans le faire
connoître, de peur de mettre les gens
en défiance. Le soupçon provoque
la vengeance, et fait penser à des
moïens de nuire auxquels on ne pensoit pas auparavant. La réflexion
qui se fait sur l'état des choses est
d'un grand secours pour agir. Il n'y
a point de meilleure preuve du bon
sens que d'être réflexif. La plus
grande perfection des actions dépend
de la pleine connoissance avec laquelle elles sont exécutées.

MAXIME XLVI.

Corriger son antipathie.

NOUS avons coutume de haïr gratuitement, c'est-à-dire avant
même que de savoir quel est celui
que nous haïssons ; et quelquefois
cette aversion vulgaire ose bien attaquer de grans personnages. La prudence la doit surmonter, car rien ne
décrédite davantage que de haïr
ceux qui méritent le plus d'être

aimez. Comme il est glorieux de sympathiser avec les héros, il est honteux
d'avoir de l'antipathie pour eux.

MAXIME XLVII.
Eviter les engagemens.

C'EST une des principales maximes de la prudence. Dans les
grandes places il y a toujours une
grande distance d'un bout à l'autre ;
il en est de même des grandes affaires.
Il y a bien du chemin à faire avant
que d'en voir la fin ; c'est pourquoi
les sages ne s'y engagent pas volontiers. Ils en viennent le plus tard
qu'ils peuvent à la rupture, attendu
qu'il est plus facile de se soustraire
à l'occasion que d'en sortir à son
honneur. Il y a des tentations du
jugement, il est plus sûr de les fuïr
que de les vaincre. Un engagement
en tire après soi un autre plus grand,
et d'ordinaire le précipice est à côté.
Il y a des gens qui, de leur naturel,
et quelquefois aussi par un vice de

nation, se mêlent de tout, et s'engagent inconsidérément. Mais celui
qui a la raison pour guide va toujours bride en main ; il trouve plus
d'avantage à ne se point engager
qu'à vaincre, et, quoiqu'il y ait quelque étourdi tout prêt de commencer,
il se garde bien de faire le deuxième.

MAXIME XLVIII.

L'homme de grand fonds.

PLUS on a de fonds, et plus on
est homme. Le dedans doit
toujours valoir une fois plus que ce
qui paroît dehors. Il y a des gens
qui n'ont que la façade, ainsi que les
maisons que l'on n'a pas achevé de
bâtir faute de fonds. L'entrée sent
le palais, et le logement la cabane.
Ces gens-là n'ont rien où l'on se
puisse fixer, ou plutôt tout y est fixe ;
car, après la première salutation, la
conversation finit. Ils font leur com-
pliment d'entrée, comme les chevaux
de Sicile font leurs caracols, et puis

ils se métamorfosent tout-à-coup en
taciturnes ; car les paroles s'épuisent
aisément quand l'entendement est
stérile. Il leur est facile d'en tromper
d'autres qui n'ont aussi, comme eux,
que l'apparence ; mais ils sont la fable
des gens de discernement, qui ne
tardent guère à découvrir qu'ils sont
vuides au dedans.

MAXIME XLIX.

L'homme judicieux et pénétrant.

IL maîtrise les objets, et jamais
n'en est maîtrisé. La sonde va
incontinent jusqu'au fond de la plus
haute profondeur ; il entend parfaitement à faire l'anatomie de la
capacité des gens ; il n'a qu'à voir
un homme pour le connoître à fond,
et dans toute son essence ; il déchiffre
tous les secrets du cœur le plus
caché ; il est subtil à concevoir,
sévère à censurer, judicieux à tirer
ses conséquences ; il découvre tout ;
il remarque tout ; il comprend tout.

MAXIME L.

*Ne se perdre jamais le respect
à soi-même.*

IL faut être tel que l'on n'ait pas de quoi rougir devant soi-même. Il ne faut point d'autre règle de ses actions que sa propre conscience. L'homme de bien est plus redevable à sa propre sévérité qu'à tous les préceptes. Il s'abstient de faire ce qui est indécent, par la crainte qu'il a de blesser sa propre modestie, plutôt que pour la rigueur de l'autorité des supérieurs. Quand on se craint soi-même, l'on n'a que faire du pédagogue imaginaire de Sénèque.

MAXIME LI.

L'homme de bon choix.

LE bon choix suppose le bon goût et le bon sens. L'esprit et l'étude ne suffisent pas pour passer heureusement la vie. Il n'y a point

de perfection où il n'y a rien à
choisir. Pouvoir choisir, et choisir le
meilleur, ce sont deux avantages qu'a
le bon goût. Plusieurs ont un esprit
fertile et subtil, un jugement fort, et
beaucoup de connoissances acquises
par l'étude, qui se perdent quand
il est question de faire un choix. Il
leur est fatal de s'attacher au pire,
et l'on diroit qu'ils affectent de se
tromper. C'est donc un des plus
grans dons du Ciel d'être né homme
de bon choix.

MAXIME LII.
Ne s'emporter jamais.

C'EST un grand point que d'être
toujours maître de soi-même.
C'est être homme par excellence,
c'est avoir un cœur de Roi, attendu
qu'il est très-difficile d'ébranler une
grande âme. Les passions sont les
humeurs élémentaires de l'esprit :
dès que ces humeurs excèdent, l'esprit devient malade ; et si le mal va

jusqu'à la bouche, la réputation est
fort en danger. Il faut donc se maî-
triser si bien que l'on ne puisse être
accusé d'emportement, ni au fort de
la prospérité, ni au fort de l'adversité ; qu'au contraire on se fasse
admirer comme invincible.

MAXIME LIII.
Diligent et intelligent.

LA diligence exécute promptement ce que l'intelligence pense
à loisir. La précipitation est la passion des fous qui, faute de pouvoir
découvrir le danger, agissent à la
boulvüe. Au contraire, les Sages
pèchent en lenteur, effet ordinaire
de la réflexion. Quelquefois le délai
fait échoüer une entreprise bien
concertée. La prompte exécution est
la mère de la bonne fortune. Celui-là
a beaucoup fait, qui n'a rien laissé
à faire pour le lendemain. Ce mot
est digne d'Auguste : *Hâtez-vous
lentement.*

MAXIME LIV.

Avoir du sang aux ongles.

QUAND le lion est mort, les liè-
vres ne craignent pas de l'insul-
ter. Les braves gens n'entendent point
raillerie. Quand on ne résiste pas la
première fois, on résiste encore moins
la seconde, et c'est toujours de pis en
pis ; car la même difficulté, qui se pou-
voit surmonter au commencement, est
plus grande à la fin. La vigueur de l'esprit surpasse celle du corps, il la faut
toujours tenir prête, ainsi que l'épée,
pour s'en servir dans l'occasion ; c'est
par où l'on se fait respecter. Plusieurs
ont eu d'éminentes qualitez, qui, faute
d'avoir eu du cœur, ont passé pour
morts, aïant toujours vécu ensevelis
dans l'obscurité de leur abandonne-
ment. Ce n'est pas sans raison que la
Nature a joint dans les abeilles le miel
et l'aiguillon, et pareillement les nerfs
et les os dans le corps humain. Il faut
donc que l'esprit ait aussi quelque
mélange de douceur et de fermeté.

MAXIME LV.
L'homme qui sait attendre.

NE s'empresser, ni ne se passionner jamais, c'est la marque d'un cœur qui est toujours au large. Celui qui sera le maître de soi-même le sera bientôt des autres. Il faut traverser la vaste carrière du Tems pour arriver au centre de l'occasion. Un temporisement raisonnable meurit les secrets et les résolutions. La béquille du Tems fait plus de besogne que la massüe de fer d'Hercule. Dieu même, quand il nous punit, ne se sert pas du bâton, mais de la saison. Ce mot est beau : *Le Tems et moi nous en valons deux autres.* La Fortune même récompense avec usure ceux qui ont la patience de l'attendre.

MAXIME LVI.
Trouver de bons expédiens.

C'EST l'effet d'une vivacité heureuse qui ne s'embarrasse de

rien, non plus que s'il n'arrivoit
jamais rien de fortuit. Quelques-uns
pensent longtems, et, après cela, ne
laissent pas de se tromper en tout ;
et d'autres trouvent des expédiens à
tout, sans y penser auparavant. Il y
a des caractères d'antipéristase qui
ne réüssissent jamais mieux que
dans l'embarras ; ce sont des prodiges
qui font bien tout ce qu'ils font sur
le champ, et font mal tout ce qu'ils
ont prémédité ; tout ce qui ne leur
vient pas d'abord ne leur vient
jamais. Ces gens-là ont toujours beaucoup de réputation, parce que la
subtilité de leurs pensées et la
réüssite de leurs entreprises font
juger qu'ils ont une capacité prodi-
gieuse.

MAXIME LVII.

Les gens de réflexion sont plus sûrs.

CE qui est bien est toujours à
tems. Ce qui est fait incontinent se défait aussitôt. Ce qui doit

durer une éternité doit être une éternité à faire. L'on ne regarde qu'à la perfection, et rien ne dure que ce qui est parfait. D'un entendement profond, tout en demeure à perpétuité. Ce qui vaut beaucoup coûte beaucoup. Le plus précieux des métaux est le plus tardif et le plus lourd.

MAXIME LVIII.

Se mesurer selon les gens.

IL ne faut pas se piquer également d'habileté avec tous, ni emploïer plus de forces que l'occasion n'en demande. Point de profusion de science ni de puissance. Le bon fauconnier ne jette de manger au gibier que ce qui est nécessaire pour le prendre. Gardez-vous bien de faire ostentation de tout, car vous manqueriez bientôt d'admirateurs. Il faut toujours garder quelque chose de nouveau pour paroître le lendemain. Chaque jour, chaque échan-

tillon ; c'est le moïen d'entretenir
toujours son crédit, et d'être d'autant
plus admiré qu'on ne laisse jamais
voir les bornes de sa capacité.

MAXIME LIX.

Se faire desirer et regretter.

SI l'on entre par la porte du
Plaisir dans la maison de la
Fortune, l'on en sort d'ordinaire
par la porte du Chagrin : ainsi du
contraire. L'habileté est plus à en sortir heureusement qu'à y entrer avec
l'applaudissement populaire. C'est le
sort commun des gens fortunez d'a-
voir les commencemens tres-favora-
bles, et puis une fin tragique. La
félicité ne consiste pas à avoir l'applaudissement du peuple à son
entrée, car c'est un avantage qu'ont
tous ceux qui entrent ; la difficulté
est d'avoir le même applaudissement
à la sortie. Vous en voïez tres-peu qui
soient regrettez. Il arrive rarement
que ceux qui sortent soient accom-

pagnez de la bonne fortune ; car son plaisir est de se montrer aussi revêche à ceux qui s'en vont, qu'elle est civile et caressante envers ceux qui viennent.

MAXIME LX.
Le bon sens.

QUELQUES-UNS naissent prudens, ils entrent, par un penchant naturel, dans le chemin de la Sagesse, et d'abord ils sont presque à mi-chemin. La raison leur meurit avec l'âge et l'expérience, et ils arrivent enfin au plus haut degré de jugement. Ils ont horreur du caprice comme d'une tentation de leur prudence, mais sur-tout dans les matières d'Etat qui, à cause de leur extrême importance, exigent qu'on prenne toutes les sûretez. De tels hommes méritent d'être au timon de l'Etat, ou du moins d'être du conseil de ceux qui le tiennent.

MAXIME LXI.

Exceller dans l'excellent.

C'EST une grande singularité parmi la pluralité des perfections. Il n'y peut avoir de héros qu'il n'y ait en lui quelque extrémité sublime. La médiocrité n'est pas un objet assez grand pour l'applaudissement. L'éminence dans un haut emploi distingue du vulgaire, et élève à la catégorie d'homme rare. Estre éminent dans une profession basse, c'est être grand dans le petit, et quelque chose dans le rien. Ce qui tient davantage du délectable en tient moins du sublime. L'éminence en des choses hautes est comme un caractère de souveraineté, qui excite l'admiration et concilie la bienveillance.

MAXIME LXII.

Se servir de bons instrumens.

QUELQUES-UNS font consister la délicatesse de leur esprit à

en emploïer de mauvais : point d'honneur dangereux et digne d'une malheureuse issüe. L'excellence du ministre n'a jamais diminué la gloire du maître ; au contraire, tout l'honneur du succès retourne après à la cause principale, et pareillement tout le blâme. La Renommée célèbre toujours les premiers auteurs. Elle ne dit jamais : *Cet homme a eu de bons ou de mauvais ministres ;* mais : *Il a été bon, ou mauvais ouvrier.* Il faut donc tâcher de bien choisir ses ministres, puisque c'est d'eux que dépend l'immortalité de la réputation.

MAXIME LXIII.

L'excellence de la primauté.

SI la primauté est secondée de l'éminence, elle est doublement excellente. C'est un grand avantage au jeu d'être le premier en main, car on gagne à cartes égales. Plusieurs eussent été les fénix de leur

profession, si d'autres ne les eussent
pas précédez. Les premiers ont le
droit d'aînesse dans le partage de la
réputation, et il ne reste qu'une mai-
gre portion aux seconds ; encore leur
est-elle contestée. Ceux-ci ont beau
se tourmenter, ils ne sauroient détruire l'opinion, que le monde a,
qu'ils n'ont fait qu'imiter. Les grans
génies ont toujours affecté de prendre une nouvelle route pour arriver
à l'excellence, mais de telle sorte
que la prudence leur a toujours servi
de guide. Par la nouveauté des entreprises, les Sages se sont fait écrire
au catalogue des Héros. Quelques-
uns aiment mieux être les premiers
de la seconde classe, que les seconds
de la première.

MAXIME LXIV.

Savoir s'épargner du chagrin.

C'EST une science tres-utile ;
c'est comme la sage-femme de

tout le bonheur de la vie. Mauvaises nouvelles ne valent rien, ni à donner, ni à recevoir ; il ne faut ouvrir la porte qu'à celles du remède. Il y a des gens qui n'emploient leurs oreilles qu'à ouïr des flatteries ; d'autres qui se plaisent à écouter de faux rapports ; et quelques-uns qui ne sauroient vivre un seul jour sans quelque ennui, non plus que Mithridate sans poison. C'est encore un grand abus de vouloir bien se chagriner toute sa vie pour donner une fois du plaisir à un autre, quelque étroite liaison qu'on ait avec lui. Il ne faut jamais pécher contre soi-même pour complaire à celui qui conseille et se tient à l'écart. C'est donc une leçon d'usage et de justice que, toutes les fois que tu auras à choisir de faire plaisir à autrui, ou déplaisir à toi-même, tu feras mieux de laisser autrui mécontent que de le devenir toi-même, et sans remède.

MAXIME LXV.
Le goût fin.

LE goût se cultive aussi bien que l'esprit. L'excellence de l'entendement raffine le desir, et puis le plaisir de la joüissance. L'on juge de l'étendüe de la capacité par la délicatesse du goût. Une grande capacité a besoin d'un grand objet pour se contenter. Comme un grand estomac demande une grande nourriture, il faut des matières relevées à des génies sublimes. Les plus nobles objets craignent un goût délicat, les perfections universellement estimées n'osent espérer de lui plaire. Comme il y en a tres-peu où il ne manque rien, il faut être tres-avare de son estime. Les goûts se forment dans la conversation, et l'on hérite du goût d'autrui à force de le fréquenter. C'est donc un grand bonheur d'avoir commerce avec des gens d'excellent goût. Il ne faut pas néanmoins faire profession de ne rien estimer ; car

c'est une des extrémitez de la folie,
et une affectation encore plus odieuse
que le goût dépravé. Quelques-uns
voudroient que Dieu fît un autre
Monde et d'autres beautez, pour
contenter leur extravagante fantaisie.

MAXIME LXVI.

Prendre bien ses mesures, avant
que d'entreprendre.

QUELQUES-UNS regardent de
plus près à la direction qu'à
l'événement ; et néanmoins la direction n'est pas une assez bonne caution pour garantir du déshonneur
qui suit un succès malheureux. Le
vainqueur n'a point de compte à
rendre. Il y a peu de gens capables
d'examiner les raisons et les circonstances, mais chacun juge par
l'événement. C'est pourquoi l'on ne
perd jamais sa réputation, quand on
réüssit. Une heureuse fin couronne
tout, quoiqu'on se soit servi de faux
moïens pour y arriver ; car c'est un

art que d'aller contre l'art, quand
on ne peut pas autrement parvenir
à ce qu'on prétend.

MAXIME LXVII.

Préférer les emplois plausibles.

LA plus-part des choses dépendent de la satisfaction d'autrui.
L'estime est aux perfections ce que
les zéfirs sont aux fleurs ; c'est-à-dire
nourriture et vie. Il y a des emplois
universellement applaudis, et d'autres qui, bien qu'ils soient relevez,
ne sont point recherchez. Les premiers gagnent la bienveillance commune, parce qu'on les excerce à la
vüe de tout le monde. Les autres
tiennent davantage du majestueux,
et, comme tels, attirent plus de vénération : mais, parce qu'ils sont imperceptibles, ils en sont moins applaudis.
Entre les Princes, les victorieux sont
les plus célèbres : et c'est pour cela
que les Rois d'Aragon ont été si
fameux par leurs titres de guerriers,

de conquérans, de magnanimes. Que
l'homme de mérite choisisse donc
les emplois où chacun se connoît
et où chacun a part, s'il veut s'immortaliser à toutes voix.

MAXIME LXVIII.

*Faire comprendre est bien meilleur
que faire souvenir.*

QUELQUEFOIS il faut re-
mémorer, quelquefois aviser.
Quelques-uns manquent de faire
des choses qui seroient excellentes,
parce qu'ils n'y pensent pas. C'est
alors qu'un bon avis est de saison
pour leur faire concevoir ce qui
importe. Un des plus grans talens
de l'homme est d'avoir la présence
d'esprit pour penser à ce qu'il faut,
faute de quoi plusieurs affaires
viennent à manquer. C'est donc à
celui qui comprend de porter la
lumière ; et à celui qui a besoin
d'être éclairé de rechercher l'autre.
Le premier doit se ménager, et le

second s'empresser. Il suffit au premier de fraïer le chemin au second. Cette maxime est tres-importante, et tourne au profit de celui qui instruit ; et, en cas que sa première leçon ne suffise, il doit, avec plaisir, passer un peu plus avant. Après être venu à bout du *non,* il faut attraper adroitement un *oui ;* car il arrive souvent de ne rien obtenir parce que l'on ne tente rien.

MAXIME LXIX.

Ne point donner dans l'humeur vulgaire.

C'EST un grand homme que celui qui ne donne point d'entrée aux impressions populaires. C'est une leçon de prudence de réfléchir sur soi-même, de connoître son propre penchant, et de le prévenir, et d'aller même à l'autre extrémité pour trouver l'équilibre de la raison entre la Nature et l'art. La connoissance de soi-même est le commencement de l'amandement. Il y a des monstres d'impertinence qui sont tantôt d'une humeur, tantôt d'une autre, et qui changent de sentimens comme d'humeur. Ils s'engagent à des choses toutes contraires, se laissant toujours entraîner à l'impétuosité de ce débordement civil qui ne corrompt pas seulement la volonté, mais encore la connoissance et le jugement.

MAXIME LXX.

Savoir refuser.

TOUT ne se doit pas accorder, ni à tous. Savoir refuser est d'aussi grande importance que savoir octroïer ; et c'est un point tres-necessaire à ceux qui commandent. Il y va de la manière. Un *non* de quelques-uns est mieux reçu qu'un *oui* de quelques-autres, parce qu'un *non* assaisonné de civilité contente plus qu'un *oui* de mauvaise grace. Il y a des gens qui ont toujours un *non* à la bouche, le *non* est toujours

leur première réponse, et, quoiqu'il
leur arrive après de tout accorder,
on ne leur en sait point de gré, à
cause du *non* mal assaisonné qui a
précédé. Il ne faut pas refuser tout-
à-plat, mais faire goûter son refus à
petites gorgées, pour ainsi dire. Il ne
faut pas non plus tout refuser, de
peur de désespérer les gens, mais au
contraire laisser toujours un reste
d'espérance pour adoucir l'amertume
du refus. Que la courtoisie remplisse
le vuide de la faveur, et que les
bonnes paroles suppléent au défaut
des bons effets. *Oui* et *non* sont bien
courts à dire ; mais, avant que de les
dire, il y faut penser longtems.

MAXIME LXXI.

*N'être point inégal et irrégulier
dans son procédé.*

L'HOMME prudent ne tombe
jamais dans ce défaut, ni par
humeur, ni par affectation. Il est
toujours le même à l'égard de ce qui

est parfait, qui est la marque du bon jugement. S'il change quelquefois, c'est parce que les occasions et les affaires changent de face. Toute inégalité messied à la prudence. Il y a des gens qui, chaque jour, sont différens d'eux-mêmes, ils ont même l'entendement journalier, encore plus la volonté et la conduite. Ce qui étoit hier leur agréable *oui* est aujourd'hui leur désagréable *non*. Ils démentent toujours leur procédé et l'opinion qu'on a d'eux, parce qu'ils ne sont jamais eux-mêmes.

MAXIME LXXII.

L'homme de résolution.

L'IRRÉSOLUTION est pire que la mauvaise exécution. Les eaux ne se corrompent pas tant quand elles courent que lorsqu'elles croupissent. Il y a des hommes si irrésolus qu'ils ne font jamais rien sans être poussez par autrui ; et quelquefois cela ne vient pas tant de la perplexité de leur jugement, qui souvent est vif et subtil, que d'une lenteur naturelle. C'est une marque de grand esprit que de se former des difficultez, mais encore plus de savoir se déterminer. Il se trouve aussi des gens qui ne s'embarrassent de rien, et ceux-là sont nez pour les hauts emplois, d'autant que la vivacité de leur conception et la fermeté de leur jugement leur facilitent l'intelligence et l'expédition des affaires. Tout ce qui tombe en leurs mains est chose faite. Un de cette trempe, après avoir donné la loi à tout un Monde, eut du tems de reste pour penser à un autre. De tels hommes entreprennent tout à coup sûr, sous la caution de leur bonne fortune.

MAXIME LXXIII.

Trouver ses défaites.

C'EST une adresse des gens d'esprit. Avec un mot de galanterie, ils sortent du plus difficile labyrinthe. Un soûris de bonne grace leur fait esquiver la querelle la plus dangereuse. Le plus grand de tous les capitaines fondoit toute sa réputation là-dessus. Une parole à deux ententes pallie agréablement une négative. Il n'y a rien de meilleur que ne de se faire jamais trop entendre.

MAXIME LXXIV.

N'être point inaccessible.

LES vraies bêtes sauvages sont où il y a le plus de monde. Le difficile abord est le vice des gens dont les honneurs ont changé les mœurs. Ce n'est pas le moïen de se mettre en crédit que de commencer par rebuter autrui. Qu'il fait beau voir un de ces monstres intraitables prendre son air impertinent de fierté ! Ceux qui ont le malheur d'avoir affaire à eux vont à leur audience comme s'ils alloient combattre contre des tigres, c'est-à-dire armez d'autant de crainte que de précaution.

Pour monter à ce poste, ils faisoient
la cour à tout le monde ; mais, depuis
qu'ils le tiennent, il semble qu'ils
veulent prendre leur revanche à
force de braver les autres. Leur
emploi demanderoit qu'ils fussent
à tout le monde ; mais leur superbe
et leur mauvaise humeur font qu'ils
ne sont à personne. Ainsi, le vrai
moïen de se venger d'eux, c'est de
les laisser avec eux-mêmes, afin que,
tout commerce leur manquant, ils ne
puissent jamais devenir sages.

MAXIME LXXV.

*Se proposer quelque héros, non pas
tant à imiter qu'à surpasser.*

IL y a des modèles de grandeur,
et des livres vivans de réputation. Que chacun se propose ceux
qui ont excellé dans sa profession,
non pas tant pour les suivre, que
pour les devancer. Alexandre pleura,
non pas de voir Achille dans le
tombeau, mais de se voir lui-même

si peu connu dans le monde en
comparaison d'Achille. Rien n'ins-
pire plus d'ambition que le bruit de
la renommée d'autrui. Ce qui étouffe
l'envie fait respirer le courage.

MAXIME LXXVI.

N'être pas toujours sur le plaisant.

OUTRE que la prudence paroît
dans le sérieux, le sérieux est
plus estimé que le plaisant. Celui
qui plaisante toujours n'est jamais
homme tout-à-bon. Nous traitons ces
gens-là comme les menteurs, en ne
croïant jamais ni les uns, ni les
autres, la gausserie n'étant pas moins
suspecte que le mensonge. L'on ne
sait jamais quand ils parlent par
jugement, qui est autant que s'ils
n'en avoient point. Il n'y a rien de
plus déplaisant qu'une continuelle
plaisanterie. En voulant s'acquérir
la réputation de galant, on perd
la réputation d'être cru sage. Il faut
donner quelques momens à l'enjoüe-

ment, et tout le reste au sérieux.

MAXIME LXXVII.
*S'accommoder à toutes sortes
de gens.*

SAGE est le Protée qui est saint avec les saints, docte avec les doctes, sérieux avec les sérieux, et jovial avec les enjoüez. C'est là le moïen de gagner tous les cœurs, la ressemblance étant le lien de la bienveillance. Discerner les esprits, et, par une transformation politique, entrer dans l'humeur et dans le caractère de chacun, c'est un secret absolument nécessaire à ceux qui dépendent d'autrui ; mais il faut pour cela un grand fonds. L'homme universel en connoissance et en expérience a moins de peine à s'y faire.

MAXIME LXXVIII.
L'art d'entreprendre à propos.

LA Folie entre toujours de volée, car tous les fous sont hardis.

La même ignorance, qui les empêche premièrement de prendre garde à ce qui est nécessaire, leur ôte ensuite la connoissance des fautes qu'ils font. Mais la Sagesse entre avec beaucoup de précaution, ses coureurs sont la réflexion et le discernement, qui font le guet pour elle, afin qu'elle avance sans rien risquer. La discrétion condamne toute sorte de témeritez au précipice, quoique le bonheur les justifie quelquefois. Il faut aller à pas contez où l'on se doute qu'il y a de la profondeur. C'est au jugement à essaïer, et à la prudence à poursuivre. Il y a aujourd'hui de grans écueils dans le commerce du monde. Il faut donc prendre garde à bien jeter son plomb.

MAXIME LXXIX.

L'humeur joviale.

C'EST une perfection plutôt qu'un défaut, quand il n'y a point d'excès. Un grain de plaisan-

terie assaisonne tout. Les plus grans
hommes joüent d'enjoüement comme
les autres, pour se concilier la bienveillance universelle ; mais avec cette
différence qu'ils gardent toujours la
préférence à la sagesse, et le respect
à la bienséance. D'autres se tirent
d'affaire par un trait de belle humeur ;
car il y a des choses qu'il faut
prendre en riant, et quelquefois
celles même qu'un autre prend tout
de bon. Une telle humeur est l'aimant
des cœurs.

MAXIME LXXX.

Estre soigneux de s'informer.

LA vie se passe presque toute à
s'informer. Ce que nous voïons
est le moins essentiel. Nous vivons
sur la foi d'autrui. L'oüie est la
seconde porte de la vérité, et la première du mensonge. D'ordinaire la
vérité se voit, mais c'est un extraordinaire de l'entendre. Elle arrive
rarement toute pure à nos oreilles,

sur-tout lorsqu'elle vient de loin ;
car alors elle prend quelque teinture
des passions qu'elle rencontre sur
sa route. Elle plaît ou déplaît, selon
les couleurs que lui prête la passion
ou l'intérest, qui tend toujours à prévenir. Prens bien garde à celui qui
loüe ; encore plus à celui qui blâme.
C'est là qu'on a besoin de toute sa
pénétration pour découvrir l'intention de celui qui tierce, et de
connoître avant coup à quel but il
veut frapper. Sers-toi de ta réflexion
à discerner les pièces fausses ou
légères d'avec les bonnes.

MAXIME LXXXI.

*Renouveler sa réputation de tems
en tems.*

C'EST un privilège de fénix.
L'excellence est sujette à s'en-
vieillir, et pareillement la renommée
avec elle. La coutume diminüe l'admiration. Une nouveauté médiocre
l'emporte d'ordinaire sur la plus

haute excellence qui commence à vieillir. Il est donc besoin de renaître en valeur, en esprit, en fortune, en toutes choses, et de montrer toujours de nouvelles beautez, comme fait le Soleil, qui change si souvent d'horison et de théâtre, afin que la privation le fasse desirer quand il se couche, et que la nouveauté le fasse admirer quand il se lève.

MAXIME LXXXII.

Ne pas trop approfondir le bien, ni le mal.

UN Sage a compris toute la sagesse en ce précepte : *Rien de trop.* Une justice trop exacte dégénère en injustice. L'orange qui est trop pressurée donne un jus amer. Dans la joüissance même, il ne faut jamais aller à pas une des extrémitez. L'esprit même s'épuise à force de se raffiner. A vouloir tirer trop de lait, on fait venir le sang.

MAXIME LXXXIII.

Faire de petites fautes à dessein.

UNE petite négligence sert quelquefois de lustre aux bonnes qualitez. L'Envie a son ostracisme, et cet ostracisme est d'autant plus à la mode qu'il est injuste. Elle accuse ce qui est parfait du défaut d'être sans défaut, et plus la chose est parfaite, plus elle en condamne tout. C'est un Argus à découvrir des fautes dans ce qu'il y a de plus excellent, et peut-être en dépit de ne l'être pas. Il en est de la censure comme du foudre qui, d'ordinaire, tombe sur les plus hautes montagnes. Il est donc à propos de s'endormir quelquefois, comme le bon-homme Homère, et d'affecter certains manquemens, soit dans l'esprit, ou dans le courage (mais sans blesser jamais la raison), pour apaiser la malveillance, et empêcher que l'apostume de la mauvaise humeur ne crève. C'est là jeter sa cape aux yeux de l'Envie, pour sauver sa réputation à jamais.

MAXIME LXXXIV.

Savoir tirer profit de ses ennemis.

TOUTES les choses se doivent prendre, non par le tranchant, ce qui blesseroit ; mais par la poignée, qui est le moïen de se défendre ; à plus forte raison l'Envie. Le Sage tire plus de profit de ses ennemis que le fou n'en tire de ses amis. Les envieux servent d'aiguillon au Sage à surmonter mille difficultez, au lieu que les flatteurs en détournent souvent. Plusieurs sont redevables de leur fortune à leurs envieux. La flatterie est plus cruelle que la haine, d'autant qu'elle pallie des défauts où celle-ci fait remédier. Le Sage se fait de la haine de ses envieux un miroir où il se voit bien mieux que dans celui de la bienveillance. Ce miroir lui sert à corriger ses défauts, et par conséquent à prévenir la médisance ; car on se tient fort sur ses gardes

quand on a des rivaux ou des ennemis pour voisins.

MAXIME LXXXV.
Ne se point prodiguer.

C'EST le malheur de tout ce qui est excellent, de dégénérer en abus quand on en fait un fréquent usage. Ce que tout le monde recher-choit avec passion vient enfin à déplaire à tout le monde. Grand malheur de n'être bon à rien ; comme aussi de vouloir être bon à tout ! Ces gens-là perdent toujours pour avoir voulu trop gagner ; et à la fin ils sont aussi haïs qu'ils ont été chéris aupa-ravant. Toutes les perfections sont sujettes à ce sort ; dès qu'elles per-dent le renom d'être rares, elles ont celui d'être vulgaires.

MAXIME LXXXVI.
Se munir contre la médisance.

LE vulgaire a beaucoup de têtes et de langues, et, par conséquent, encore plus d'yeux. Qu'il coure un mauvais bruit parmi ces langues, il ne faut que cela pour ternir la plus haute réputation ; et si ce bruit vient à se tourner en sobriquet, c'en est fait pour jamais de tout ce qu'un homme avoit acquis d'estime. Ces railleries tombent d'ordinaire sur de certains défauts qui sautent aux yeux et qui, pour être singuliers, donnent ample matière aux lardons. Et comme il y a des imperfections que l'envie particulière étale aux yeux de la malice commune ; il y a aussi des langues affilées qui détruisent plus promptement une grande réputation avec un mot jeté en l'air, que ne font d'autres avec toute leur impudence. Il est tres-facile d'avoir mauvais renom, parce que le mal se croit aisément, et que les sinistres impressions sont tres-difficiles à effacer. C'est donc au Sage à se tenir sur ses gardes, car il est plus aisé de prévenir la médisance que d'y remédier.

MAXIME LXXXVII.
Cultiver et embellir.

L'HOMME naît barbare, il ne se rachète de la condition des bêtes que par la culture ; plus il est cultivé, plus il devient homme. C'est à l'égard de l'éducation que la Grèce a eu droit d'appeler barbare tout le reste du Monde. Il n'y a rien de si grossier que l'ignorance ; ni rien qui rende si poli que le savoir. Mais la science même est grossière, si elle est sans art. Ce n'est pas assez que l'entendement soit éclairé, il faut aussi que la volonté soit réglée, et encore plus la manière de converser. Il y a des hommes naturellement polis, soit pour la conception, ou pour le parler ; pour les avantages du corps, qui sont comme l'écorce ; ou pour ceux de l'esprit, qui sont comme les fruits. Il y en a d'autres, au contraire, si grossiers que toutes leurs actions, et quelquefois même de riches talens qu'ils ont sont défigurez par la rusticité de leur humeur.

MAXIME LXXXVIII.

*S'étudier à avoir les manières
sublimes.*

UN grand homme ne doit jamais
être vetilleux en son procédé.
Il ne faut jamais trop éplucher les
choses, sur-tout celles qui ne sont
guère agréables ; car, bien qu'il soit
utile de tout remarquer en passant,
il n'en est pas de même de vouloir
expressément tout approfondir. Pour
l'ordinaire, il faut procéder avec un
dégagement cavalier, ce qui fait partie de la galanterie. Dissimuler est le
principal moïen de gouverner. Il est
bon de laisser passer quantité de
choses qui surviennent dans le commerce de la vie, mais particulièrement parmi ses ennemis. Le *trop* est
toujours ennuïeux, et dans l'humeur
il est insupportable. C'est une espèce
de fureur que d'aller chercher le
chagrin, et, d'ordinaire, la manière

d'agir est telle qu'est l'humeur dans laquelle on agit. Nos actions prennent le caractère de l'humeur où nous sommes quand nous les faisons.

MAXIME LXXXIX.

*Connoître parfaitement
son génie, son esprit, son cœur,
et ses passions.*

L'ON ne sauroit être maître de soi-même que l'on ne se connoisse à fond. Il y a des miroirs pour le visage, mais il n'y en a point pour l'esprit. Il y faut donc suppléer par une sérieuse réflexion sur soi-même. Quand l'image extérieure s'échappera, que l'intérieure la retienne et la corrige. Mesure tes forces et ton adresse avant que de rien entreprendre ; connois ton activité pour t'engager ; sonde ton fonds, et sache où peut aller ta capacité pour toutes choses.

MAXIME XC.

Le moïen de vivre longtems.

C'EST de vivre bien. Il y a deux choses qui abrègent la vie : la folie et la méchanceté. Les uns l'ont perdüe pour n'avoir pas sû la conserver ; les autres pour ne l'avoir pas voulu. Comme la vertu est elle-même sa récompense, le vice est lui-même son bourreau. Quiconque vit à la hâte dans le vice meurt bientôt, et en deux manières ; au-lieu que ceux qui vivent à la hâte dans la vertu ne meurent jamais. L'intégrité de l'esprit se communique au corps, et la bonne vie est toujours longue, non seulement dans l'*intension,* mais même dans l'extension.

MAXIME XCI.

Agir sans crainte de manquer.

LA crainte de ne pas réüssir découvre le foible de celui qui exécute à son rival. Si, dans la chaleur même de la passion, l'esprit est en suspens, dès que ce premier feu sera passé il se reprochera son imprudence. Toutes les actions qui se font avec doute sont dangereuses, il vaudroit mieux s'en abstenir. La prudence ne se contente point de probabilitez, elle marche toujours en plein jour. Comment réüssiroit une entreprise que la crainte condamne dès que l'esprit l'a conçüe ? Et si la résolution, qui a passé à toutes voix dans le conseil de la Raison, a souvent une mauvaise issüe, qu'attendre de celle qui a chancelé dès le commencement dans la raison et dans le pressentiment ?

MAXIME XCII.

*L'esprit transcendant
en toutes choses.*

C'EST la principale règle, soit pour agir, ou pour parler. Plus les emplois sont sublimes, et plus cet esprit est nécessaire. Un grain de prudence vaut mieux qu'un magasin de subtilité. C'est un chemin qui mène à l'infaillible, quoiqu'il n'aille pas tant au *plausible*. Quoique le renom de sagesse soit le trionfe de la renommée, il suffira de contenter les Sages, dont l'approbation sert de pierre-de-touche aux entreprises.

MAXIME XCIII.

L'homme universel.

L'HOMME qui possède toutes sortes de perfections en vaut lui seul beaucoup d'autres ; il rend la vie heureuse en se communiquant à ses amis. La variété jointe à la perfection est le passetems de la vie. C'est une grande adresse que de savoir se fournir de tout ce qui est bon, et, puisque la Nature a fait en l'homme, comme en son plus excellent ouvrage, un abregé de tout l'Univers, l'art doit faire aussi de l'esprit de l'homme un univers de connoissance et de vertu.

MAXIME XCIV.

Capacité inépuisable.

QUE l'habile homme se garde bien de laisser sonder le fond de son savoir et de son adresse, s'il veut être révéré de chacun ; qu'il se laisse connoître, mais non comprendre ; que personne n'ait sur lui l'avantage de trouver les bornes de sa capacité, de peur que l'on ne vienne à se détromper ; qu'il se ménage si bien que personne ne le voïe tout entier. L'opinion et le doute attirent plus de vénération à celui de qui l'on ne connoît pas l'étendüe de l'esprit, que ne fait la connoissance entière de ce qu'il est, si grand et si habile qu'il puisse être.

MAXIME XCV.

Savoir entretenir l'attente d'autrui.

LE moïen de l'entretenir est de lui fournir toujours de nouvelle nourriture. Le beaucoup doit promettre davantage; une grande action doit servir d'aiguillon à d'autres encore plus grandes. Il ne faut pas tout montrer dès la première fois. C'est un coup d'adresse de savoir mesurer ses forces au besoin et au tems, et de s'acquitter de jour en jour de ce que l'on doit à l'attente publique.

MAXIME XCVI.

La syndérèse.

C'EST le trône de la raison et la base de la prudence. Quand on la consulte, il est aisé de ne point faillir. C'est un don du Ciel et qui, de l'importance qu'il est, ne sauroit être trop desiré. C'est la première pièce du harnois de l'homme ; et elle lui est si nécessaire qu'elle lui suffiroit, quand même tout le reste lui manqueroit. Toutes les actions de la vie dépendent de son influence, et sont estimées bonnes ou mauvaises selon qu'elle en juge, attendu que tout doit être fait par raison. Elle

consiste dans une inclination naturelle qui porte à l'équité, et prend
toujours le parti le plus sûr.

MAXIME XCVII.

Acquérir et conserver la réputation.

C'EST l'usufruit de la renommée.
La réputation coûte beaucoup
à acquérir, parce qu'il faut pour cela
des qualitez éminentes, qui sont aussi
rares que les médiocres sont communes ; une fois acquise, il est aisé de la
conserver ; elle engage beaucoup, et
fait encore davantage. C'est une espèce de majesté, lorsqu'elle s'empare
de la vénération, en vertu de la sublimité de sa cause et de sa sphère.
Mais la réputation substantielle est
celle qui a toujours été bien soutenüe.

MAXIME XCVIII.

Dissimuler.

LES passions sont les brèches
de l'esprit. La science du plus
grand usage est l'art de dissimuler.

Celui qui montre son jeu risque de perdre. Que la circonspection combatte contre la curiosité. A ces gens qui épluchent de si près les paroles, couvre ton cœur d'une haie de défiance et de réserve. Qu'ils ne connoissent jamais ton goût, de peur qu'ils ne te préviennent, ou par la contradiction, ou par la flatterie.

MAXIME XCIX.
La réalité et l'apparence.

LES choses ne passent point pour ce qu'elles sont, mais pour ce dont elles ont l'apparence. Il n'y a guère de gens qui voïent jusqu'au dedans, presque tout le monde se contente des apparences. Il ne suffit pas d'avoir bonne intention, si l'action a mauvaise apparence.

MAXIME C.
L'homme désabusé. Le chrétien sage.
Le courtisan filosofe.

IL faut l'être, mais ne le pas paroître, encore moins affecter de passer pour tel. Quoique le plus digne exercice des Sages soit de filosofer, il n'est plus aujourd'hui en crédit. La science des habiles gens est méprisée. Après que Senèque l'eut introduite à Rome, elle fut quelque tems en estime à la Cour, et maintenant elle y passe pour folie ; mais la prudence et le bon esprit ne se repaissent pas de prévention.

MAXIME CI.

Une partie du monde se moque de l'autre, et l'une et l'autre rient de leur folie commune.

TOUT est bon ou mauvais, selon le caprice des gens ; ce qui plaît à l'un déplaît à l'autre. C'est un insupportable fou que celui qui veut que tout aille à sa fantaisie. Les perfections ne dépendent pas d'une seule approbation. Il y a autant de goûts que de visages, et autant de différence entre les uns qu'entre les autres. Nul défaut n'est sans parti-

san, et il ne faut point te décourager,
si ce que tu fais ne plaît pas à quelques-uns, attendu qu'il y en aura toujours d'autres qui en feront cas. Mais
ne t'enorgüeillis point de l'approbation de ceux-ci, d'autant que les autres
ne laisseront pas de te censurer. La
règle pour connoître ce qui est digne
d'estime, c'est l'approbation des gens
de mérite et des personnes reconnües
capables d'être bons juges de la chose. La vie civile ne roule pas sur un
seul avis, ni sur un seul usage.

MAXIME CII.

Estomac bon à recevoir
les grosses bouchées de la Fortune.

UN grand estomac n'est pas la
moindre partie du corps de
la Prudence. Une grande capacité a
besoin de grandes parties. Les prospéritez n'embarrassent point celui qui
en mérite de plus grandes. Ce qui est
indigestion dans les uns, est appêtit
dans les autres. Il y en a beaucoup

à qui toute nourriture succulente fait mal, à cause qu'ils sont de foible complexion, et qu'ils ne sont pas nez, ni élevez pour de si hauts emplois. Le commerce du monde est amer à leur goût, et les fumées de la vaine gloire, qui leur montent au cerveau, leur causent des étourdissemens dangereux ; les lieux hauts leur sont contraires, ils ne tiennent pas en eux-mêmes, parce que leur fortune n'y peut tenir. Que l'homme de tête montre donc qu'il lui reste encore du lieu pour loger une plus grande fortune ; et mette toute son industrie à éviter tout ce qui peut donner quelque indice d'un petit courage.

MAXIME CIII.

*Conserver la majesté
propre à son état.*

QUE toutes tes actions soient, sinon d'un Roi, du moins dignes d'un Roi, à proportion de ton état : c'est-à-dire procède roïalement,

autant que ta fortune te le peut per-
mettre. De la grandeur à tes actions,
de l'élévation à tes pensées, afin que
si tu n'es pas Roi en effet, tu le sois
en mérite ; car la vraie roïauté consiste en la vertu. Celui-là n'aura pas
lieu d'envier la grandeur, qui pourra
en être le modèle. Mais il importe
principalement à ceux qui sont sur
le trône, ou qui en approchent, de
faire quelque provision de la vraie
supériorité, c'est-à-dire des perfections de la Majesté, plutôt que de se
repaître des cérémonies que la vanité
et le luxe ont introduites. Ils doivent
préférer le solide de la substance au
vuide de l'ostentation.

MAXIME CIV.

Tâter le pouls aux affaires.

CHAQUE emploi a sa manière,
il faut être passé maître pour
en faire la différence. A quelques
emplois il faut de la valeur ; à d'autres de la subtilité ; quelques-uns

requièrent seulement de la probité,
et quelques autres de l'artifice. Les
premiers sont plus faciles à exercer,
et les autres plus difficiles. Pour
s'acquitter des premiers, un bon
naturel suffit, au lieu que, pour les
autres, toute l'application, toute la
vigilance ne suffisent pas. C'est une
occupation bien pénible d'avoir à gouverner les hommes, mais encore plus
à conduire des fous et des bêtes ; il
faut un double sens pour régler ceux
qui n'en ont point. C'est un emploi insupportable que celui qui demande un
homme tout entier, et qui ait ses heures comptées, et toujours à travailler
à même chose. Bien meilleurs sont
ceux où la variété est jointe à l'importance, d'autant que l'alternative
récrée l'esprit : mais ceux qui valent
le mieux de tous sont ceux qui sont les
moins dépendans, ou dont la dépendance est plus éloignée ; et celui-là est
le pire qui, lorsqu'on en sort, oblige
de rendre compte à des juges rigoureux, surtout quand c'est à Dieu.

MAXIME CV.
N'être point lassant.

L'HOMME qui n'a qu'une affaire, ou celui qui a toujours la même chose à dire, est d'ordinaire fatigant. La brièveté est plus propre à négocier, elle gagne par son agrément ce qu'elle perd par son épargne. Ce qui est bon est deux fois bon s'il est court; et pareillement ce qui est mauvais l'est moins si le peu y est. Les quint'essences opèrent mieux que les breuvages composez. C'est une vérité reconnüe que le grand parleur est rarement habile. Il y a des hommes qui font plus d'embarras que d'honneur à l'Univers; ce sont des haillons jetez dans la rüe, que chacun pousse hors du passage. L'homme discret doit bien se garder d'être importun, sur-tout aux gens qui ont de grandes occupations; car il vaudroit mieux être incommode à tout le reste du monde que de l'être à un seul de ceux-là. Ce qui est bien dit se dit en peu.

MAXIME CVI.

Ne point faire parade de sa fortune.

L'OSTENTATION de la dignité choque plus que l'ostentation de la personne. Trancher du grand, c'est se rendre odieux; il suffit bien d'être envié. Plus on cherche la réputation, et moins on la trouve. Comme elle dépend du jugement d'autrui, personne ne se la sauroit donner; et, par conséquent, il faut la mériter, et l'attendre. Les grans emplois demandent une autorité proportionnée à leur exercice, et, sans cela, l'on ne peut pas les exercer dignement. Il faut conserver toute celle qui est nécessaire pour remplir l'essentiel de ses obligations; ne la point faire trop valoir, mais la seconder. Tous ceux qui font les accablez d'affaires se montrent indignes de leur emploi, comme chargez d'un faix qu'ils ne sauroient porter. Si l'on a à se faire honneur, que ce soit plutôt d'un grand mérite personnel que d'une

chose d'emprunt. Un Roi même doit
s'attirer plus de vénération par sa
propre personne que par sa souveraineté, qui n'est qu'une chose extérieure.

MAXIME CVII.

*Ne point montrer qu'on soit content
de soi-même.*

D'ESTRE mécontent de soi-
même, c'est foiblesse ; d'en
être content, c'est folie. Dans la pluspart des hommes, ce contentement
vient d'ignorance, et aboutit à une
félicité aveugle qui véritablement en-
tretient le plaisir, mais ne conserve
pas la réputation. Comme il est rare
de bien connoître les perfections
éminentes des autres, l'on s'applaudit
de celles que l'on a, quelque médiocres et vulgaires qu'elles soient. La
défiance a toujours été utile aux plus
sages, soit pour prendre de si bonnes
mesures que les affaires pussent
réüssir ; ou pour se consoler quand

elles ne réüssissoient pas ; car celui qui a prévu le mal en est moins affligé quand il arrive. Quelquefois Homère même s'endort, et Alexandre descend du trône de sa majesté, et reconnoît sa foiblesse. Les affaires dépendent de beaucoup de circonstances, et telle chose qui a réüssi dans une occasion est malheureuse dans une autre. Mais l'incorrigibilité des fous est en ce qu'ils convertissent en fleurs leurs plus vaines pensées, et que leur graine pousse toujours.

MAXIME CVIII.

Le plus court chemin pour devenir grand personnage est de savoir choisir son monde.

LA conversation est d'un grand poids. Les mœurs, les humeurs, les goûts et l'esprit même se communiquent insensiblement. Ainsi l'homme prompt en doit fréquenter un paisible, et chacun son contraire ; par où l'on arrivera sans peine au

tempérament requis. C'est beaucoup
que de savoir se modérer. La diversité alternative des saisons fait la
beauté et la durée de l'Univers. Si
l'harmonie des choses naturelles
vient de leur propre contrariété,
l'harmonie de la société civile devient
plus belle par la différence des
mœurs. La prudence doit user de
cette politique dans le choix des
amis et des domestiques; et, de cette
communication des contraires, il en
naîtra un tempérament tres-agré-
able.

MAXIME CIX.
N'être point répréhensif.

IL y a des hommes rudes qui font
des crimes de tout, non pas par
passion, mais par naturel. Ils condamnent tout : dans les uns ce qu'ils
ont fait ; dans les autres ce qu'ils
veulent faire ; ils exagèrent tout si
fort que des atomes ils en font des
poutres à crever les yeux. Leur hu-

meur, pire que cruelle, seroit capable de convertir les Champs-Elisiens en galère. Mais si la passion s'en mêle, c'est alors qu'ils jugent à toute rigueur. Au contraire, l'ingénuité interprète tout favorablement, sinon l'intention, du moins l'inadvertance.

MAXIME CX.

N'attendre pas qu'on soit Soleil couchant.

C'EST une maxime de prudence, qu'il faut laisser les choses avant qu'elles nous laissent. Il est d'un homme sage de savoir se faire un trionfe de sa propre défaite, à l'imitation du Soleil qui, pendant qu'il est encore tout lumineux, a coutume de se retirer dans une nuée, pour n'être point vû baisser, et, par ce moïen, laisser en doute s'il est couché ou non. C'est à lui de se soustraire aux accidens pour ne pas crever de fâcherie. Qu'il n'attende pas que la fortune lui tourne le dos, de peur qu'elle ne l'ensevelisse tout en vie, à l'égard de l'affliction qu'il en ressentiroit ; et, mort, à l'égard de sa réputation. Le bon cavalier lâche quelquefois la bride à son cheval, pour ne le pas cabrer, et ne pas servir de risée s'il venoit à tomber au milieu de la carrière. Une beauté doit adroitement prévenir son miroir, en le rompant avant qu'il lui ait montré que ses attraits s'en vont.

MAXIME CXI.

Faire des amis.

AVOIR des amis, c'est un second estre ; tout ami est bon à son ami ; entre amis tout est agréable. Un homme ne peut valoir que ce qu'il plaît aux autres de le faire valoir. Pour leur en donner donc la volonté, il faut s'emparer de leur bouche par leur cœur. Il n'y a point de meilleur enchantement que les bons services ; le meilleur moïen d'avoir des amis est d'en faire ; tout ce que nous avons de bon dans la vie dépend d'autrui. L'on a à vivre avec ses amis, ou avec ses ennemis ; chaque jour, il en faut gagner un et, si l'on n'en fait pas son confident, se le rendre du moins bien affectionné ; car quelques-uns de ceux-là deviendront intimes, à force de les bien connoître.

MAXIME CXII.

Gagner le cœur.

LA première et souveraine cause ne dédaigne pas de le prévenir et de le disposer, lorsqu'elle veut opérer les plus grandes choses. C'est par l'affection que l'on entre dans l'estime. Quelques-uns se fient tant sur leur mérite, qu'ils ne prennent aucun soin de se faire aimer. Mais le Sage sait bien que le mérite a un grand tour à faire quand il n'est pas aidé de la faveur. La bienveillance facilite tout, supplée à tout, elle ne

suppose pas toujours qu'il y ait de
la sagesse, de la discrétion, de la
bonté, et de la capacité ; mais elle
en donne : elle ne voit jamais les
défauts, parce qu'elle fuit de les voir.
D'ordinaire, elle naît de la correspondance matérielle, comme d'être
de même nation, de même patrie, de
même profession, de même famille.
Il y a une autre sorte d'affection for-
melle, qui est plus relevée ; car elle
est fondée sur les obligations, sur la
réputation, sur le mérite. Toute la
difficulté est à la gagner, car il est
aisé de la conserver. On peut l'acquérir par ses soins, et puis en faire
un bon usage.

MAXIME CXIII.

Dans la bonne fortune,
se préparer à la mauvaise.

EN esté on a le tems de faire sa
provision pour l'hiver, et plus
commodément. Dans la prospérité,
l'on a quantité d'amis, et tout à bon

marché. Il est bon de garder quelque chose pour le mauvais tems, car il y a disette de tout dans l'adversité. Tu feras bien de ne pas négliger tes amis ; un jour viendra que tu te tiendras heureux d'en avoir quelques-uns, de qui tu ne te soucies pas maintenant. Les gens rustiques n'ont jamais d'amis, ni dans la prospérité, parce qu'ils ne connoissent personne ; ni dans l'adversité, parce que personne ne les connoît alors.

MAXIME CXIV.

Ne compéter jamais.

TOUTE prétention qui est contestée ruine le crédit. La compétence ne manque jamais de noircir pour obscurcir ; il est rare de faire bonne guerre. L'émulation découvre les défauts que la courtoisie cachoit auparavant. Plusieurs ont vécu tres-estimez tant qu'ils n'ont point eu de concurrens. La chaleur de la contradiction anime ou ressuscite des infamies qui étoient mortes ; elle déterre des ordures que le tems avoit presque consumées. La compétence commence par un manifeste d'invectives, s'aidant de tout ce qu'elle peut et ne doit pas. Et bien que quelquefois, et même le plus souvent, les injures ne soient pas des armes de grand secours, si est-ce qu'elle s'en sert pour se donner le plaisir d'une vile vengeance ; et elle y va avec tant d'impétuosité qu'elle fait voler la poussière de l'oubli qui couvroit les imperfections. La bienveillance a toujours été pacifique, et la réputation toujours indulgente.

MAXIME CXV.

*Se faire aux humeurs de ceux
avec qui l'on a à vivre.*

L'ON s'accoutume bien à voir de laids visages, on peut donc s'accoutumer aussi à de méchantes humeurs. Il y a des esprits revêches, avec qui, ni sans qui l'on ne sauroit

vivre. C'est donc prudence de s'y
accoutumer, comme l'on fait à la laideur, pour n'en être pas surpris ni
épouvanté dans l'occasion. La première fois ils font peur, mais l'on s'y
fait peu-à-peu, la réflexion prévenant
ce qu'il y a de rude en eux, ou du
moins aidant à le tolérer.

MAXIME CXVI.

*Traiter toujours
avec des gens soigneux
de leur devoir.*

ON peut s'engager avec eux, et
les engager ; leur devoir est
leur meilleure caution, lors même
qu'on est en différend avec eux : car
ils agissent toujours selon ce qu'ils
sont. Et, d'ailleurs, il vaut mieux
combattre contre des gens de bien
que de trionfer de mal-honnêtes gens.
Il n'y a point de sûreté à traiter avec
les méchans, parce qu'ils ne se trouvent jamais obligez à ce qui est juste
et raisonnable ; c'est pourquoi il n'y

a jamais de vraie amitié entr'eux ;
et quelque grande que semble être
leur affection, elle est toujours de
bas aloi, parce qu'elle n'a aucun
principe d'honneur. Fuis toujours
l'homme qui n'en a point, car l'honneur est le trône de la bonne foi.
Quiconque n'estime point l'honneur,
n'estime point la vertu.

MAXIME CXVII.

Ne parler jamais de soi-même.

SE loüer, c'est vanité ; se blâmer,
c'est bassesse. Et ce qui est un
défaut de sagesse dans celui qui parle,
est une peine pour ceux qui l'écoutent. Si cela est à éviter dans les entretiens familiers ou domestiques, cela
est encore moins à faire lorsqu'on
parle en public, et que l'on occupe
quelque grand poste ; car alors la
moindre apparence de folie passe
pour une foiblesse toute pure. C'est
faire la même faute contre la prudence, que de parler de ceux qui sont

présens; car il y a danger que l'on ne
tombe dans l'un de ces deux écüeils :
dans la flatterie, ou dans la censure.

MAXIME CXVIII.
Affecter le renom d'être civil.

IL ne faut que cela pour être
plausible. La courtoisie est la
partie principale du savoir-vivre ;
c'est une espèce de charme par où
l'on se fait aimer de tout le monde ;
au-lieu que l'on s'en fait haïr et mépriser par la rusticité. Car si l'incivilité vient de superbe, elle est digne
de haine ; si c'est de bêtise, elle est
méprisable. Le trop sied mieux à la
courtoisie que le trop-peu ; mais elle
ne doit pas être égale envers tous,
car elle dégénéreroit en injustice.
Elle est même d'obligation et d'usage
entre les ennemis, ce qui montre
son pouvoir. Elle coûte peu, et vaut
beaucoup. Quiconque honore est honoré. La galanterie et la civilité ont

cet avantage que toute la gloire en
reste à leurs auteurs.

MAXIME CXIX.
Ne pas faire le revêche.

IL ne faut jamais provoquer l'aversion ; elle vient assez sans qu'on
la cherche. Il y a beaucoup de gens
qui haïssent gratuitement, sans savoir
ni comment, ni pourquoi. La haine
est plus prompte que la bienveillance ; l'humeur est plus portée à nuire
qu'à servir. Quelques-uns affectent
d'être mal avec tout le monde, soit
par esprit de contradiction, ou par
dégoût ; dès que la haine s'empare
de leur cœur, il est aussi difficile de
l'en ôter que de les désabuser. Les
gens d'esprit sont craints ; les médi-
sans sont haïs ; les présomptueux
sont méprisez ; les railleurs sont en
horreur ; et les singuliers sont aban-
donnez de tout le monde. Il faut donc
estimer pour être estimé. Celui qui
veut faire sa fortune, fait cas de tout.

MAXIME CXX.

S'accommoder au tems.

LE savoir même doit être à la mode, et c'est être bien habile que de faire l'ignorant où il n'y a point de savoir. Le goût et le langage changent de tems en tems. Il ne faut point parler à la vieille mode, le goût doit se faire à la nouvelle. Le goût des bonnes têtes sert de règle aux autres, dans chaque profession ; et, par conséquent, il faut s'y conformer et tâcher de se perfectionner. Que l'homme prudent s'accommode au présent, soit pour le corps, ou pour l'esprit, quand même le passé lui sembleroit meilleur. Il n'y a que pour les mœurs que cette règle n'est pas à garder, attendu que la vertu doit se pratiquer en tous tems. On ne sait déjà plus ce que c'est que de dire la vérité, que de tenir sa parole. Si quelques-uns le font, ils passent pour des gens du vieux tems ; de sorte que personne ne les imite, bien que cha-

cun les aime. Malheureux siècle, où
la vertu passe pour étrangère, et la
malice pour une mode courante !
Que le Sage vive donc comme il
pourra, s'il ne le peut pas comme il
voudroit. Qu'il se tienne content de
ce que le sort lui a donné, comme
s'il valoit mieux que ce qu'il lui a
refusé.

MAXIME CXXI.

*Ne point faire une affaire
de ce qui n'en est
pas une.*

COMME il y a des gens qui ne
s'embarrassent de rien, d'autres s'embarrassent de tout, ils parlent toujours en ministres d'Etat. Ils
prennent tout au pié de la lettre ou au
mystérieux. Des choses qui donnent
du chagrin, il y en a peu dont il faille
faire cas ; autrement on se tourmente
bien en vain. C'est faire à contresens que de prendre à cœur ce qu'il
faut jeter derrière le dos. Beaucoup

de choses, qui étoient de quelque conséquence, n'ont rien été, parce que l'on ne s'en est pas mis en peine ; et d'autres, qui n'étoient rien, sont devenües choses d'importance, pour en avoir fait grand cas. Du commencement, il est aisé de venir à bout de tout ; après cela, non. Tres-souvent le mal vient du remède même. Ce n'est donc pas la pire règle de la vie que de laisser aller les choses.

MAXIME CXXII.
L'autorité dans les paroles et dans les actions.

CETTE qualité trouve place partout ; tout d'abord elle s'empare du respect ; elle se répand par-tout, dans la conversation, dans les harangues, dans le port, dans le regard, dans le vouloir. C'est une grande victoire que de prendre les cœurs. Cela ne vient pas d'une folle bravoure, ni d'un parler impérieux, mais d'un certain ascendant, qui naît de

la grandeur du génie, et est soutenu
d'un grand mérite.

MAXIME CXXIII.
L'homme sans affectation.

PLUS il y a de perfections, et
moins il y a d'affectation ; car
c'est d'ordinaire ce qui gâte les plus
belles choses. L'affectation est aussi
insupportable aux autres, qu'elle est
pénible à celui qui s'en sert, d'autant
qu'il vit dans un continuel martyre
de contrainte, pour se montrer ponc-
tuel en tout. Les plus éminentes
qualitez perdent leur prix, si l'on y
découvre de l'affectation, parce qu'on
les attribüe plutôt à une contrainte
artificieuse qu'au vrai caractère de
la personne ; joint que tout ce qui est
naturel a toujours été plus agréable
que ce qui est artificiel. On passe
pour étranger en tout ce que l'on
affecte ; mieux on fait une chose, et
plus il faut cacher le soin que l'on
apporte à la faire, afin que chacun

croie que tout y est naturel. Mais en fuïant l'affectation, prens bien garde d'y tomber en affectant de ne pas affecter. L'homme adroit ne doit jamais montrer qu'il soit persuadé de son mérite ; moins il paroîtra se soucier de le faire connoître, plus il excitera la curiosité des autres. Celui-là est deux fois excellent, qui renferme toutes les perfections en soi, sans en vanter aucune ; il arrive au terme de la *plausibilité* par un chemin peu fréquenté.

MAXIME CXXIV.

Se faire regretter.

PEU de gens ont ce bonheur, et c'en est un tout extraordinaire de l'être des gens de bien. D'ordinaire, l'on a de l'indifférence pour ceux qui achèvent leur tems. Il y a divers moïens de mériter l'honneur d'être regretté, l'éminence des qualitez reconnües dans l'exercice de l'emploi en est un bien sûr ; de con-

tenter tout le monde, en est un
efficace. L'éminence fait naître la
dépendance, dès qu'on connoit que
l'emploi avoit besoin de l'homme qui
l'exerce; et non l'homme, de l'emploi.
Quelques-uns honorent leurs charges,
et d'autres en sont honorez. Ce n'est
pas un avantage que de paroître bon
à cause que l'on a un mauvais suc-
cesseur; car ce n'est pas là être
vraiment regretté, mais seulement
être moins haï.

MAXIME CXXV.

N'être point livre de compte.

C'EST une marque de mauvaise
réputation, que de prendre
plaisir à flétrir celle d'autrui. Quelques-uns voudroient laver, ou du
moins cacher leurs taches, en faisant
remarquer celles des autres. Ils se
consolent de leurs défauts sur ce que
les autres en ont aussi, qui est la
consolation des fous. Ces gens-là ont
toujours la bouche puante, leur bou-

che étant l'égoût des immondices
civiles. Plus on creuse en ces matières et plus on s'embourbe. Il n'y a
guère de gens qui n'aient un défaut
originel, soit à droite, ou à gauche.
Les fautes ne sont pas connües
en ceux qui sont peu connus. Que
l'homme prudent se garde bien d'être
le registre des médisances ; c'est là
s'ériger en modèle tres-désagréable,
et être sans âme, bien que l'on soit
en vie.

MAXIME CXXVI.

*Ce n'est pas être fou que de faire
une folie, mais bien de ne la
savoir pas cacher.*

SI l'on doit cacher ses passions,
l'on doit encore plus cacher ses
défauts. Tous les hommes manquent,
mais avec cette différence que les
gens d'esprit pallient les fautes faites,
et que les fous montrent celles qu'ils
vont faire. La réputation consiste
dans la manière de faire, plutôt que

dans ce qui se fait. Si tu n'es pas chaste, dit le Proverbe, fais semblant de l'être. Les fautes des grans hommes sont d'autant plus remarquables que ce sont des éclipses de grandes lumières. Quelque grande que soit l'amitié, ne lui fais jamais confidence de tes défauts ; cache-les même à toi-même, si cela se peut. Du moins on pourra se servir de cette autre règle de vivre, qui est de savoir oublier.

MAXIME CXXVII.

Le Je-ne-sai-quoi.

C'EST la vie des grandes qualitez, le souffle des paroles, l'âme des actions, le lustre de toutes les beautez. Les autres perfections sont l'ornement de la Nature, le *Je-ne-sai-quoi* est celui des perfections. Il se fait remarquer jusque dans la manière de raisonner ; il tient beaucoup plus du privilège que de l'étude, car il est même au-dessus de toute

discipline. Il ne s'en tient pas à la
facilité, il passe jusqu'à la plus fine
galanterie. Il suppose un esprit libre
et dégagé, et à ce dégagement il
ajoute le dernier trait de la perfection. Sans lui toute beauté est morte,
toute grâce est sans grâce. Il l'emporte sur la valeur, sur la discrétion,
sur la prudence, sur la majesté même. C'est une route politique, par
où l'on expédie bien-tôt les affaires;
et enfin l'art de se retirer galamment
de tout embarras.

MAXIME CXXVIII.
Le haut courage.

C'EST une des principales conditions requises à un héros,
d'autant qu'un tel courage l'aiguil-
lonne à tout ce qu'il y a de grand,
lui raffine le goût, lui enfle le cœur,
relève ses pensées et ses manières,
et le dispose à la majesté. Par-tout
où il se trouve, il se fait passage : et
lorsque l'iniquité du sort s'opiniâtre

contre lui, il tente tout pour en sortir à son honneur. Plus il est resserré dans les bornes de la possibilité, et plus il veut se mettre au large. La magnanimité, la générosité, et toutes les qualitez héroïques le reconnoissent pour leur source.

MAXIME CXXIX.

Ne se plaindre jamais.

LES plaintes ruïnent toujours le crédit ; elles excitent plutôt la passion à nous offenser que la compassion à nous consoler ; elles ouvrent le passage à ceux qui les écoutent, pour nous faire la même chose que ceux de qui nous nous plaignons ; et la connoissance de l'injure faite par le premier sert d'excuse au second. Quelques-uns, en se plaignant des offenses passées, donnent lieu à celles de l'avenir ; et, au-lieu du remède et de la consolation qu'ils prétendent, ils donnent du plaisir aux autres, et s'attirent même leur mépris. C'est bien une meilleure politique de publier les obligations que l'on a aux gens, afin d'exciter les autres à nous obliger aussi. Parler souvent des grâces reçües des personnes absentes, c'est rechercher celles de ceux qui sont présens; c'est vendre le crédit des uns aux autres. Ainsi, l'homme prudent ne doit jamais publier, ni les disgrâces, ni les défauts, mais bien les faveurs et les honneurs; ce qui sert à conserver l'estime des amis, et à contenir les ennemis dans leur devoir.

MAXIME CXXX.

Faire, et faire paroître.

LES choses ne passent point pour ce qu'elles sont, mais pour ce qu'elles paroissent être. Savoir faire, et le savoir montrer, c'est double savoir. Ce qui ne se voit point est comme s'il n'étoit point. La Raison même perd son autorité, lors qu'elle ne paroît pas telle. Il y a bien plus

de gens trompez que d'habiles gens.
La tromperie l'emporte hautement,
d'autant que les choses ne sont regar-
dées que par le dehors. Bien des
choses paroissent tout autres qu'elles
ne sont. Le bon extérieur est la
meilleure recommandation de la perfection intérieure.

MAXIME CXXXI.

Le procédé de galant homme.

LES âmes ont leur galanterie et
leur gentillesse, d'où se forme
le grand cœur. Cette perfection ne
se rencontre pas en toutes sortes de
personnes, parce qu'elle suppose un
fonds de générosité. Son premier soin
est de parler bien de ses ennemis,
et de les servir encore mieux. C'est
dans les occasions de se venger qu'il
paroît avec plus d'éclat. Il ne néglige
pas ces occasions, mais c'est pour en
faire un bon usage, en préférant la
gloire de pardonner au plaisir d'une
vengeance victorieuse. Ce procédé

est même politique, attendu que la plus fine raison d'état n'affecte jamais ces avantages, parce qu'elle n'affecte rien ; et quand le bon droit les remporte, la modestie les dissimule.

MAXIME CXXXII.

S'aviser, et se r'aviser.

EN appeler à la révision, c'est la voie la plus sûre, sur-tout quand l'avantage est certain ; soit pour octroïer, ou pour mieux delibérer, il est toujours bon de prendre du tems. Il vient de nouvelles pensées, qui confirment et fortifient la résolution. S'il est question de donner, le don est plus estimé à cause du discernement de celui qui le fait, que pour le plaisir de ne l'avoir pas attendu. Ce qui a été desiré, a toujours été plus estimé. Si c'est une chose à refuser, le tems en facilite la manière, en laissant meurir le *non* jusqu'à ce que la saison soit venüe ;

joint que le plus souvent, dès que la
première chaleur du desir est passée,
l'on reçoit indifféremment la rigueur
du refus. Ceux qui demandent à la
hâte doivent être écoutez à loisir ;
c'est le vrai moïen d'éviter la surprise.

MAXIME CXXXIII.

Estre plutôt fou avec tous,
que sage tout seul.

CAR si tous le sont, il n'y a rien
à perdre, disent les politiques ;
au-lieu que si la sagesse est toute
seule, elle passera pour folie. Il faut
donc suivre l'usage. Quelquefois le
plus grand savoir est de ne rien savoir, ou du moins d'en faire semblant.
L'on a besoin de vivre avec les autres, et les ignorans font le grand
nombre. Pour vivre seul, il faut tenir
beaucoup de la nature de Dieu, ou
être tout-à-fait de celle des bêtes.
Mais, pour modifier l'aphorisme, je
dirois : *Plutôt sage avec les autres*

que fou sans compagnon. Quelques-uns affectent d'être singuliers en chimères.

MAXIME CXXXIV.

Avoir le double des choses nécessaires à la vie.

C'EST vivre doublement. Il ne faut pas se restreindre à une seule chose, bien même qu'elle soit excellente. Tout doit être au double, et sur-tout ce qui est utile et délectable. La Lune, toute changeante qu'elle est, l'est encore moins que la volonté humaine, tant cette volonté est fragile. C'est pourquoi il faut mettre une barrière à son inconstance. Tenez donc pour règle principale de l'art de vivre, d'avoir au double tout ce qui sert à la commodité. Comme la Nature nous a donné le double des membres les plus nécessaires et les plus exposez au danger, l'art doit pareillement doubler les choses dont dépend le bonheur de la vie.

MAXIME CXXXV.
N'être point esprit
de contradiction.

CAR c'est se rendre ridicule, et même insupportable. La sagesse ne manquera jamais de conjurer contre cet esprit. C'est être ingénieux que de trouver des difficultez à tout ; mais c'est donner dans la folie que d'être opiniâtre. Ces gens-là tournent la plus douce conversation en petite-guerre, et sont, par conséquent, plus ennemis de leurs amis que de ceux qui ne les fréquentent point. Plus une bouchée de poisson est savoureuse, et plus on sent l'arête qui entre dans les dens. La contradiction fait le même effet dans les doux entretiens. Ce sont des fous et des fantasques, qui ne sont pas seulement bêtes, mais encore bêtes sauvages.

MAXIME CXXXVI.

*Prendre bien les
affaires, et leur tâter incontinent
le pouls.*

PLUSIEURS font un circuit ennuïeux de paroles, sans jamais
venir au nœud de l'affaire, ils font
mille tours et détours qui les lassent
et lassent les autres, sans arriver
jamais au centre de l'importance. Et
cela vient de la confusion de leur
entendement qui ne sauroit se dé-
broüiller. Ils perdent leur tems et
leur patience à ce qu'il falloit laisser,
et puis il ne leur en reste plus à
donner à ce qu'ils ont laissé.

MAXIME CXXXVII.

*Il ne faut au Sage
que lui-même.*

UN Sage de Grèce se tenoit lui-
même lieu de toutes choses,
et tout ce qu'il avoit étoit toujours

avec lui. S'il est vrai qu'un ami
universel suffit, pour rendre aussi
content, que si l'on possédoit Rome
et tout le reste de l'Univers ; deviens
ami de toi-même, et tu pourras vivre
tout seul. Que te pourra-t-il manquer,
si tu n'as point de plus bel entretien,
ni de plus grand plaisir qu'avec toi-
même ? Tu ne dépendras que de toi
seul ; et par là tu ressembleras au
Souverain Estre. Celui qui peut bien
vivre tout seul ne tient rien de la
bête, mais beaucoup du Sage, et tout
de Dieu.

MAXIME CXXXVIII.

*L'art de laisser aller les choses
comme elles peuvent, sur-tout
quand la mer est orageuse.*

IL y a des tempêtes et des ouragans
dans la vie humaine ; c'est prudence de se retirer au port pour les
laisser passer. Tres-souvent les remèdes font empirer les maux. Quand
la mer des humeurs est agitée, laissez

faire à la Nature ; si c'est la mer des mœurs, laissez faire à la morale. Il faut autant d'habileté au médecin pour ne pas ordonner que pour ordonner ; et quelquefois la finesse de l'art consiste davantage à ne point appliquer de remède. Ce sera donc le moïen de calmer les bourrasques populaires, que de se tenir en repos; céder alors au tems fera vaincre ensuite. Une fontaine devient trouble pour peu qu'on la remüe, et son eau ne redevient claire qu'en cessant d'y toucher. Il n'y a point de meilleur remède à de certains désordres que de les laisser passer, car à la fin ils s'arrêtent eux-mêmes.

MAXIME CXXXIX.

Connoître les jours malheureux.

CAR il y en a où rien ne réüssira. Tu auras beau changer de jeu, tu ne changeras point de sort. C'est au second coup qu'il faudra prendre garde si l'on a le sort favorable, ou

contraire. L'entendement même a
ses jours ; car il ne s'est encore vu
personne qui fût habile à toutes heures. Il y va de bonheur à raisonner
juste, comme à bien écrire une lettre.
Toutes les perfections ont leur saison, et la beauté n'est pas toujours
de quartier. La discrétion se dément
quelquefois, tantôt en cédant, tantôt
en excédant. Enfin, pour bien réüssir, il faut être de jour. Comme tout
réüssit mal aux uns, tout réüssit bien
aux autres, et même avec moins de
peine et de soin ; et il y a tel qui trouve
d'abord toute son affaire faite. L'esprit a ses jours ; le génie son caractère ; et toutes choses leur étoile.
Quand on est de jour, il n'en faut
pas perdre un moment. Mais l'homme prudent ne doit pas prononcer
définitivement qu'un jour est heureux, à cause d'un bon succès ; ni
qu'il est malheureux, à cause d'un
mauvais ; l'un n'étant peut-être qu'un
effet du hasard, et l'autre du contre-
tems.

MAXIME CXL.

*Donner d'abord dans le bon
de chaque chose.*

C'EST la meilleure marque du
bon goût. L'abeille va incontinent à la douceur, pour avoir de quoi
faire du miel ; et la vipère à l'amertume, pour amasser du venin. Il en
est ainsi des goûts : les uns s'atta-
chent au meilleur, et les autres au
pire. A tout il y a quelque chose de
bon, surtout dans un livre, qui d'ordinaire se fait avec étude. Quelques-
uns ont l'esprit si mal tourné, qu'entre mille perfections ils s'arrêteront
au seul défaut qu'il y aura, et ne
parleront d'autre chose ; comme s'ils
n'étoient que pour servir de recep-
tacle aux immondices de la volonté
et de l'esprit d'autrui, et pour tenir
registre de tous les défauts qu'ils
voient : ce qui est plutôt la punition
de leur mauvais discernement, que
l'exercice de leur subtilité. Ils passent
mal la vie, parce qu'ils ne se nour-

rissent que de méchantes choses. Plus heureux sont ceux qui, entre mille défauts, découvrent d'abord une perfection qui s'y trouve par hasard.

MAXIME CXLI.

Ne se point écouter.

IL sert de peu d'être content de soi-même, si l'on ne contente pas les autres. D'ordinaire, l'estime de soi-même est punie par un mépris universel. Celui qui se païe de lui-même reste debiteur de tous les autres. Il sied mal de vouloir parler pour s'écouter. Si c'est une folie de se parler à soi-même, c'en est une double de s'écouter devant les autres. C'est un défaut des grans de parler d'un ton impérieux, et c'est ce qui assomme ceux qui les écoutent. A chaque mot qu'ils disent, leurs oreilles mendient un applaudissement, ou une flatterie, jusqu'à l'importunité. Les présomptueux aussi parlent par écho ; et, comme la con-

versation roule sur des patins d'or-
güeil, chaque parole est escortée de
cette impertinente exclamation : *Que
cela est bien dit ! Ah le beau mot !*

MAXIME CXLII.

*Ne prendre jamais le mauvais parti,
en dépit de son adversaire
qui a pris le meilleur.*

CELUI qui le fait est à demi
vaincu et, à la fin, il sera contraint de céder tout-à-fait ; l'on ne se
vengera jamais bien par cette voie.
Si ton adversaire a eu l'adresse de
prendre le meilleur, garde-toi bien
de faire la folie de le contrepointer
en prenant le pire. L'obstination des
actions engage d'autant plus que celle
des paroles, qu'il y a bien plus de
risque à faire qu'à dire. C'est la coutume des opiniâtres, de ne regarder ni
à la vérité pour contredire, ni à l'utilité pour disputer. Le Sage est toujours du côté de la raison, et ne donne
jamais dans la passion. Ou il prévient,

ou il revient; de sorte que si son rival
est fou, sa folie le fait changer de route
et passer à l'autre extrémité, par où
la condition de l'adversaire empire.
C'est donc l'unique moïen de lui faire
abandonner le bon parti, que de s'y
ranger, d'autant que cela lui servira
de motif pour embrasser le mauvais.

MAXIME CXLIII.

*Se garder de donner dans
le paradoxe en voulant s'éloigner
du vulgaire.*

LES deux extrémitez décréditent
également. Tout projet qui dément la gravité est une espèce de
folie. Le paradoxe est une certaine
tromperie *plausible*, qui surprend
d'abord par sa nouveauté et par sa
pointe ; mais qui ensuite perd sa
vogue dès qu'on vient à connoître sa
fausseté dans la pratique. C'est une
espèce de charlatanerie qui, en fait de
politique, est la ruïne des Etats. Ceux
qui ne sauroient parvenir à l'héroïs-

me, ou qui n'ont pas le courage d'y aller par le chemin de la vertu, se jettent dans le paradoxe ; ce qui les fait admirer des sots, mais sert à faire connoître la prudence des autres. Le paradoxe est une preuve d'un esprit peu tempéré et, par conséquent, tres-opposé à la prudence. Et si quelquefois il ne se fonde pas sur le faux, du moins est-il fondé sur l'incertain, au grand désavantage des affaires.

MAXIME CXLIV.

Entrer sous le voile de l'intérest d'autrui, pour rencontrer après le sien.

C'EST un stratagème tres-propre à faire obtenir ce que l'on prétend ; les directeurs même enseignent cette sainte ruse pour ce qui concerne le salut. C'est une dissimulation tres-importante, attendu que l'utilité qu'on se figure sert d'amorce pour attirer la volonté. Il semble à autrui que son intérest va le premier, et ce n'est que

pour ouvrir le chemin à ta prétention.
Il ne faut jamais entrer à l'étourdi,
mais sur-tout où il y a du danger au
fond. Et lorsqu'on a affaire à ces gens
dont le premier mot est toujours : *non,*
il ne leur faut pas montrer où l'on
vise, de peur qu'ils ne voïent les raisons de ne pas accorder ; et principalement quand on pressent qu'ils y
ont de la répugnance. Cet avis est
pour ceux qui savent faire de leur
esprit tout ce qu'ils veulent, qui est
la quint'essence de la subtilité.

MAXIME CXLV.

Ne point montrer le doigt malade.

CAR chacun y viendra frapper.
Garde-toi aussi de t'en plaindre, d'autant que la malice attaque
toujours par l'endroit le plus foible ;
le ressentiment ne sert qu'à la divertir. Elle ne cherche qu'à jeter hors des
gonds ; elle coule des mots piquans, et
met tout en œuvre jusqu'à ce qu'elle
ait trouvé le vif. L'homme adroit ne

doit donc jamais découvrir son mal,
soit personnel, ou héréditaire, attendu
que la Fortune même se plaît quelquefois à blesser à l'endroit où elle sait
que la douleur sera plus aigüe. Elle
mortifie toujours au vif ; et, par conséquent, il ne faut laisser connoître ni
ce qui mortifie, ni ce qui vivifie, pour
faire finir l'un et faire durer l'autre.

MAXIME CXLVI.
Regarder au dedans.

D'ORDINAIRE, il se trouve que
les choses sont bien autres
qu'elles ne paroissent ; et l'ignorance,
qui n'avoit regardé qu'à l'écorce, se
détrompe dès qu'elle va au dedans.
Le mensonge est toujours le premier
en tout, il entraîne les sots par un
l'on dit vulgaire, qui va de bouche
en bouche. La vérité arrive toujours
la dernière, et fort tard, parce qu'elle
a pour guide un boiteux, qui est le
Tems. Les Sages lui gardent toujours
l'autre moitié de cette faculté, que la

Nature a tout exprès donnée double.
La tromperie est toute superficielle ;
et ceux qui le sont eux-mêmes y
donnent incontinent. Le discernement est retiré au dedans, pour se
faire estimer davantage par les Sages.

MAXIME CXLVII.

N'être point inaccessible.

QUELQUE parfait que l'on soit,
on a quelquefois besoin de
conseil. Celui-là est fou incurable,
qui n'écoute point. L'homme le plus
intelligent doit faire place aux bons
avis. La Souveraineté même ne doit
pas exclure la docilité. Il y a des
hommes incurables, à cause qu'ils
sont inaccessibles. Ils se précipitent,
parce que personne n'ose approcher
d'eux pour les en empêcher. Il faut
donc laisser une porte ouverte à
l'amitié ; et ce sera celle par où viendra le secours. Un ami doit avoir
pleine liberté de parler, et même de
reprimander ; l'opinion conçüe de sa

fidélité et de sa prudence lui doit donner cette autorité. Mais aussi il ne faut
pas que cette familiarité soit commune
à tous. Il suffit d'avoir un confident
secret, dont on estime la correction,
et de qui l'on se serve, comme d'un
miroir fidèle, pour se détromper.

MAXIME CXLVIII.

Avoir l'art de converser.

C'EST par où l'homme montre
ce qu'il vaut. Dans toutes les
actions de l'homme, rien ne demande
plus de circonspection, attendu que
c'est le plus ordinaire exercice de la
vie. Il y va de gagner, ou de perdre
beaucoup de réputation. S'il faut du
jugement pour écrire une lettre, qui
est une conversation par écrit, et
méditée ; il en faut bien davantage
dans la conversation ordinaire, où il
se fait un examen subit du mérite
des gens. Les maîtres de l'art tâtent
le pouls de l'esprit par la langue,
conformément au dire du Sage :

Parle, si tu veux que je te connoisse.
Quelques-uns tiennent que le véritable art de converser est de le faire sans art ; et que la conversation doit être aisée comme le vêtement, si c'est entre bons amis. Car, lorsque c'en est une de cérémonie et de respect, il y doit entrer plus de retenüe, pour montrer que l'on a beaucoup de savoir-vivre. Le moïen d'y bien réüssir est de s'accommoder au caractère d'esprit de ceux qui sont comme les arbitres de l'entretien. Garde-toi de t'ériger en censeur des paroles, ce qui te feroit passer pour un grammairien ; ni en contrôleur des raisons, car chacun te fuiroit. Parler à-propos est plus nécessaire que parler éloquemment.

MAXIME CXLIX.

Savoir détourner les maux sur autrui.

C'EST une chose de grand usage parmi ceux qui gouvernent, que d'avoir des boucliers contre la haine,

c'est-à-dire des gens sur qui la censure et les plaintes communes aillent
fondre : et cela ne vient point d'incapacité, comme la malice se le figure ;
mais d'une industrie supérieure à
l'intelligence du peuple. Tout ne peut
pas réüssir, ni tout le monde être
content. Il y doit avoir une tête forte
qui serve de but à tous les coups, et
qui porte les reproches de toutes les
fautes et de tous les malheurs, aux
dépens de sa propre ambition.

MAXIME CL.

Savoir faire valoir ce que l'on fait.

CE n'est pas assez que les choses
soient bonnes en elles-mêmes,
parce que tout le monde ne voit pas
au fond, ni ne sait pas goûter. La
pluspart des hommes vont à cause
qu'ils voïent aller les autres, et ne
s'arrêtent qu'aux lieux où il y a
grand concours. C'est un grand point
que de savoir faire estimer sa dro-
gue, soit en la loüant (car la loüange

est l'aiguillon du desir), soit en lui donnant un beau nom, qui est un beau moïen d'exalter ; mais il faut que tout cela se fasse sans affectation. N'écrire que pour les habiles gens, c'est un hameçon général, parce que chacun le croit être ; et, pour ceux qui ne le sont pas, la privation servira d'éperon au desir. Il ne faut jamais traiter ses projets de communs, ni de faciles, car c'est les faire passer pour triviaux. Tout le monde se plaît au singulier, comme étant plus desirable et au goût et à l'esprit.

MAXIME CLI.

Penser aujourd'hui pour demain,
et pour longtems.

LA plus grande prévoïance est d'avoir des heures pour elle. Il n'y a point de cas fortuits pour ceux qui prévoïent ; ni de pas dangereux pour ceux qui s'y attendent. Il ne faut pas attendre qu'on se noïe pour penser au danger, il faut aller

au-devant, et prévenir par une meure
considération tout ce qui peut arriver de pis. L'oreiller est une Sybille
muette. Dormir sur une chose à faire
vaut mieux que d'être éveillé par
une chose faite. Quelques-uns font, et
puis pensent ; ce qui est plutôt chercher des excuses que des expédiens.
D'autres ne pensent ni devant, ni
après. Toute la vie doit être à penser,
pour ne se point égarer. La réflexion
et la prévoïance donnent la commodité d'anticiper sur la vie.

MAXIME CLII.

Ne s'associer jamais avec personne
auprès de qui l'on ait
moins de lustre.

CE qui excède en perfection,
excède en estime. Le plus
accompli aura toujours le premier
rôle. Si son compagnon a quelque
part à la loüange, ce ne sera que son
reste. La Lune luit tandis qu'elle est
toute seule parmi les étoiles ; mais,

dès que le Soleil commence à se
montrer, ou elle n'éclaire plus, ou
elle disparoît. Ne t'approche jamais
de qui te peut éclipser, mais bien de
qui te peut servir de lustre. C'est
ainsi que cette adroite *Fabulla* de
Martial trouva moïen de paroître
belle, par la laideur ou la vieillesse
de ses compagnes. Il ne faut jamais
risquer d'avoir à son côté des gens
de plus de mérite que soi, ni faire
honneur aux autres aux dépens de
sa réputation. Il est bon de hanter les
personnes éminentes, pour se faire ;
mais, quand on est fait, il faut
s'accoster de gens médiocres. Pour
te faire, choisis les plus parfaits ; et
quand tu seras fait, fréquente les
médiocres.

MAXIME CLIII.

*Fuir d'être obligé de remplir
un grand vuide.*

SI l'on s'y engage, il faut être
bien assuré d'excéder ; car il est

besoin de valoir le double de son prédécesseur pour l'égaler. Comme il y a de la finesse à faire en sorte que celui qui succède soit tel qu'on soit regretté, il y va pareillement d'adresse à se garder d'être éclipsé par celui qui achève. Il est bien difficile de remplir un grand vuide, attendu que d'ordinaire le premier paroît meilleur, et par conséquent l'égalité ne suffit pas, parce que le premier est en possession. Il est donc nécessaire de le surpasser, pour lui ôter l'avantage qu'il a d'être le plus estimé.

MAXIME CLIV.

N'être facile ni à croire,
ni à aimer.

LA maturité du jugement se connoît à la difficulté de croire. Il est tres-ordinaire de mentir, il doit donc être extraordinaire de croire. Celui qui est facile à remuer se trouve souvent décontenancé. Mais il faut bien se garder de montrer du doute de la bonne foi d'autrui ; car cela passe de l'incivilité à l'offense, attendu que c'est le traiter de trompeur, ou de trompé ; encore n'est-ce pas là le plus grand mal. Car, outre cela, ne point croire est un indice de mentir, le menteur étant sujet à deux maux : à ne point croire, et à n'être point crû. La suspension du jugement est loüable en celui qui écoute ; mais celui qui parle peut s'en rapporter à son auteur. C'est aussi une espèce d'imprudence d'être facile à aimer, car si l'on ment en parlant, l'on ment bien aussi en faisant ; et cette tromperie est encore plus pernicieuse que l'autre.

MAXIME CLV.

L'art de se contenir.

QU'UNE prudente réflexion prévienne, s'il est possible, les

saillies ordinaires au vulgaire ; cela
ne sera pas difficile à l'homme prudent. Le premier pas de la modération est de s'apercevoir que l'on se
passionne. C'est par là qu'on entre
en lice avec plein pouvoir sur soi, et
que l'on sonde jusques où il est nécessaire de laisser aller son ressentiment. C'est avec cette réflexion
dominante qu'il faut entrer en colère,
et puis y mettre fin. Tâche de savoir
où et quand il faut arrêter ; car le
plus difficile de la course est de
s'arrêter tout court. Grande marque
de jugement, de rester ferme et sans
trouble au milieu des saillies de la
passion ! Tout excès de passion dégénère du raisonnable. Mais, avec cette
magistrale précaution, la raison ne se
broüillera jamais, ni ne passera point
les bornes du devoir. Pour savoir
gourmander une passion, il faut toujours aller bride en main. Celui qui
se gouvernera de la sorte passera
pour le plus sage cavalier ; ou pour
le plus étourdi s'il fait autrement.

MAXIME CLVI.
Les amis par élection.

LES amis doivent être à l'examen du discernement, et à l'épreuve de la fortune. Ce n'est pas assez qu'ils aient le suffrage de la volonté, s'ils n'ont aussi celui de l'entendement. Quoique ce soit là le point le plus important de la vie, c'est celui où l'on apporte le moins de soin. Quelques-uns font leurs amis par l'entremise d'autrui, et la pluspart par hasard. On juge d'un homme par les amis qu'il a ; un habile homme n'en a jamais voulu d'ignorans. Mais bien qu'un homme plaise, ce n'est pas à dire que ce soit un ami intime ; car cela peut venir plutôt de ses belles manières d'agir que d'aucune assurance que l'on ait de sa capacité. Il y a des amitiez légitimes, et des amitiez bâtardes : celles-ci sont pour le plaisir ; mais les autres pour agir plus sûrement. Il se trouve peu d'amis de la personne, mais beaucoup de la fortune. Le bon esprit d'un ami est plus utile que toute la bonne volonté des autres. Prens donc tes amis par choix, et non par sort. Un ami prudent épargne bien des chagrins, au lieu qu'un autre, qui n'est pas tel, les multiplie et les entasse. Si tu ne veux point perdre d'amis, ne leur souhaite point une grande fortune.

MAXIME CLVII.

Ne se point tromper en gens.

C'EST la pire et la plus ordinaire des tromperies. Il vaut mieux être trompé au prix qu'à la marchandise; il n'y a rien où il faille plus regarder par dedans. Il y a bien de la différence entre entendre les choses et connoître les personnes; et c'est une fine filosofie que de discerner les esprits et les humeurs des hommes. Il est aussi nécessaire de les étudier que d'étudier les livres.

MAXIME CLVIII.

Savoir user de ses amis.

IL y va de grande adresse. Les
uns sont bons pour s'en servir
de loin ; et les autres pour les avoir
auprès de soi. Tel qui n'a pas été bon
pour la conversation, l'est pour la
correspondance. L'éloignement efface certains défauts que la présence
rendoit insupportables. Dans les
amis, il n'y faut pas chercher seulement le plaisir, mais encore l'utilité.
L'ami doit avoir trois qualitez du
Bien, ou, comme disent les autres,
de l'*Estre :* l'unité, la bonté, la vérité ; d'autant que l'ami tient lieu de
toutes choses. Il y en a tres-peu qui
puissent être donnez pour bons ; et,
de ne les savoir pas choisir, le nombre en devient encore plus petit. Les
savoir conserver est plus que de les
avoir sû faire. Cherche-les tels qu'ils
durent long-tems ; et, bien que du
commencement ils soient nouveaux,
c'est assez, pour être content, qu'ils

puissent devenir anciens. A le bien prendre, les meilleurs sont ceux que l'on n'acquiert qu'après avoir long-tems mangé du sel avec eux. Il n'y a point de désert si affreux que de vivre sans amis. L'amitié multiplie les biens, et partage les maux. C'est l'unique remède contre la mauvaise fortune ; c'est le soupirail par où l'âme se décharge.

MAXIME CLIX.

Savoir souffrir les sots.

LES Sages ont toujours été mal-endurans. L'impatience croît avec la science. Une grande connoissance est difficile à contenter. Au sentiment d'Epictète, la meilleure maxime de la vie c'est de *souffrir;* il a mis là la moitié de la sagesse. S'il faut tolérer toutes les sottises, il faut sans doute une extrême patience. Quelquefois nous souffrons plus de ceux de qui nous dépendons davantage ; et cela sert d'exercice à se vaincre. C'est de la souffrance que naît cette inestimable paix qui fait la félicité de la terre. Que celui qui ne se trouvera pas en humeur de souffrir en appelle à la retraite de soi-même, si tant est qu'il puisse bien se supporter lui-même.

MAXIME CLX.

*Parler sobrement
à ses émules, par précaution ;
et aux autres, par
bienséance.*

ON est toujours à tems pour lâcher la parole, mais non pas pour la retenir. Il faut parler comme l'on fait dans un testament, attendu qu'à moins de paroles, moins de procès. Il s'y faut accoutumer dans ce qui n'importe point, pour n'y point manquer quand il importera. Le silence tient beaucoup de la Divinité. Quiconque est prompt à parler

est toujours sur le point d'être vaincu,
et convaincu.

MAXIME CLXI.

Connoître les défauts où l'on se plaît.

L'HOMME le plus parfait en a
toujours quelques-uns dont il
est ou le mari, ou le galant. Ils se
trouvent dans l'esprit, et, plus l'esprit
est grand, plus ils y sont grans, et plus
ils s'y remarquent; non pas que celui
qui les a ne les connoisse pas, mais à
cause qu'il les aime. Se passionner,
et se passionner pour des vices, ce
sont deux maux ; ces défauts sont les
taches de la perfection. Ils choquent
autant ceux qui les voïent qu'ils contentent ceux qui les ont. C'est là qu'il
y a belle occasion de se vaincre soi-
même, et de mettre le comble aux
autres perfections. Chacun frappe à
ce but, et, au lieu de loüer tout ce
qu'il y a à admirer, on s'arrête à
contrôler un défaut que l'on dit qui
défigure tout le reste.

MAXIME CLXII.
*Savoir trionfer de la jalousie
et de l'envie.*

BIEN que ce soit prudence de mépriser l'envie, ce mépris est aujourd'hui peu de chose ; la galanterie fait bien un meilleur effet. Il n'y sauroit avoir assez de loüanges pour celui qui dit du bien de celui qui dit du mal. Il n'y a point de vengeance plus héroïque que celle qui tourmente l'envie à force de bien faire. Chaque bon succès est un coup d'estrapade à l'envieux, et la gloire de son émule lui est un enfer. Faire de sa félicité un poison à ses envieux, on tient que c'est la plus rigoureuse peine qu'ils puissent endurer. L'envieux meurt autant de fois qu'il entend revivre les loüanges de l'envié. Ils disputent tous deux l'immortalité, mais l'un pour vivre toujours glorieux, et l'autre pour être toujours misérable. La trompette de la renommée, qui sonne pour immortaliser

l'un, annonce la mort à l'autre, en le
condamnant au supplice d'attendre
en vain que le sujet de ses peines cesse.

MAXIME CLXIII.

*Il ne faut jamais perdre les bonnes
grâces de celui qui est heureux,
pour prendre pitié d'un
malheureux.*

D'ORDINAIRE, ce qui fait le
bonheur des uns fait le malheur des autres ; et tel homme ne
seroit pas heureux, si beaucoup d'autres n'étoient pas malheureux. C'est
le propre des misérables de gagner
la bienveillance des gens ; car chacun
se plaît à récompenser d'une faveur
inutile ceux qui sont maltraitez de
la Fortune. Il est même arrivé quelquefois qu'un homme haï de tout le
monde durant sa prospérité, a été
plaint de tout le monde dans son
malheur, la chute aïant changé en
compassion le desir qu'on avoit de
se venger. Que l'homme d'esprit

prenne donc garde aux tours-de-main
de la Fortune. Il y a des gens qui
ne vont jamais qu'avec les malheureux. Celui qu'ils fuïoient hier à
cause de son bonheur, les a aujour-
d'hui pour compagnie à cause de son
malheur. Cette conduite est quelquefois une marque de bon naturel,
mais non pas de bon esprit.

MAXIME CLXIV.

Tirer quelques coups en l'air.

C'EST le moïen de reconnoître
comment sera reçu ce que l'on
prétend faire, sur-tout quand ce sont
des choses dont l'issüe et l'approbation sont douteuses. C'est par là
qu'on tire à coup sûr, et qu'on est
toujours maître de reculer ou d'avancer. C'est ainsi que l'on sonde les
volontez, et que l'on sait où il fait
bon mettre le pié. Cette prévention
est tres-nécessaire pour demander
à propos, pour bien placer son amitié, et pour bien gouverner.

MAXIME CLXV.

Faire bonne guerre.

ON peut bien obliger un brave homme à faire la guerre, mais non pas à la faire autrement qu'il ne doit. Chacun doit agir selon ce qu'il est, et non point selon ce que sont les autres. La galanterie est plus plausible quand on en use envers un ennemi. Il ne faut pas vaincre seulement par la force, mais encore par la manière. Vaincre en scélérat, ce n'est pas vaincre, mais bien se laisser vaincre ; la générosité a toujours eu le dessus. L'homme de bien ne se sert jamais d'armes défendües. C'est s'en servir que d'emploïer le débris de l'amitié qui finit, à former la haine qui commence ; car il n'est pas permis de se prévaloir de la confiance pour se venger. Tout ce qui sent la trahison infecte le bon renom. Le moindre atome de bassesse est incompatible avec la générosité dans les grans personnages. Un brave

homme doit se piquer d'être tel que,
si la galanterie, la générosité et la
fidélité se perdoient dans le monde,
elles se retrouveroient dans son cœur.

MAXIME CLXVI.

*Discerner l'homme qui donne des
paroles, d'avec celui qui donne
des effets.*

CETTE distinction est absolument nécessaire, ainsi que celle
de l'ami de la personne, et de l'ami
de l'emploi ; car ce sont des amis
bien différens. Celui-là l'entend mal
qui, ne donnant point de mauvais
effets, ne donne point de bonnes
paroles ; et celui-là encore plus mal
qui, ne donnant point de mauvaises
paroles, ne donne point de bons
effets. Aujourd'hui l'on ne se repaît
point de paroles, d'autant que ce
n'est que du vent ; ni l'on ne vit point
de civilitez, tout cela n'étant qu'une
civile tromperie. Aller à la chasse
des oiseaux avec de la lumière, c'est

le vrai moïen de les éblouïr. Les sots
et les présomptueux se païent de
vent. Les paroles doivent être les
gages des actions et, par conséquent,
avoir leur prix. Les arbres qui ne portent point de fruit, et qui n'ont point
de feüilles, d'ordinaire n'ont point de
cœur. Il est nécessaire de les connoître tous ; les uns pour en tirer du
profit ; et les autres pour se mettre à
l'ombre.

MAXIME CLXVII.
Se savoir aider.

DANS les rencontres fâcheuses,
il n'y a point de meilleure
compagnie qu'un grand cœur ; et s'il
vient à s'affoiblir, il doit être secouru
des parties qui l'environnent. Les déplaisirs sont moindres pour ceux qui
savent s'assister. Ne te rends point
à la fortune, car elle t'en deviendroit
plus insupportable. Quelques-uns
s'aident si peu dans leurs peines,
qu'ils les augmentent, faute de les

savoir porter avec courage. Celui qui
se connoît bien trouve du secours
à sa foiblesse dans la réflexion.
L'homme de jugement sort de tout
avec avantage, fût-ce du milieu des
étoiles.

MAXIME CLXVIII.

Ne point donner dans le monstrueux.

TOUS les éventez, les présomptueux, les opiniâtres, les capri-
cieux, les entêtez d'eux-mêmes, les
extravagans, les patelins, les bouffons,
les nouvellistes, les auteurs de para-
doxes, les sectaires, et enfin toutes
sortes d'hommes déréglez, tous ces
gens-là, dis-je, sont autant de monstres d'impertinence. Toute laideur
de l'âme est toujours plus mons-
trueuse que pas une difformité du
corps, d'autant qu'elle déshonore
davantage la beauté de son original.
Mais qui corrigera un si grand et si
général excès? Où la raison manque,
la direction n'a rien à faire, attendu

que ce qui devoit être cause d'une réflexion sérieuse sur ce qui donne matière à la risée publique, fait tomber dans la présomption de croire que l'on est admiré.

MAXIME CLXIX.

Plus d'attention à ne manquer pas un coup, qu'à en bien tirer cent.

QUAND le Soleil luit, personne ne le regarde ; mais lorsqu'il s'éclipse, chacun le considère. Le vulgaire ne te comptera point les coups qui porteront, mais seulement ceux que tu manqueras. Les méchans sont plus connus par les murmures, que les gens de bien par les applaudissemens ; et plusieurs n'ont été connus qu'après avoir failli. Tous les bons succès joints ensemble ne suffisent pas pour en effacer un seul mauvais. Désabuse-toi donc, et tiens pour assuré que l'envie remarquera toutes tes fautes, mais pas une de tes belles actions.

MAXIME CLXX.

User de ménagement en toutes choses.

C'EST le moïen de réüssir dans les choses d'importance. Il ne faut pas à chaque fois emploïer toute sa capacité, ni montrer toutes ses forces. Jusque dans le savoir, il faut se ménager, car cela sert à doubler de prix. Il faut toujours avoir à qui en appeler quand il sera question de se tirer d'un mauvais pas. Le secours fait plus d'effet que le combat, parce qu'il est toujours accompagné de réputation de valeur. La prudence va toujours au plus sûr. Et c'est encore en ce sens qu'est vrai cet ingénieux paradoxe : *La moitié est plus que le tout.*

MAXIME CLXXI.

Ne pas abuser de la faveur.

LES grans amis sont pour les grandes occasions. Il ne faut pas emploïer beaucoup de faveur en des choses de peu d'importance, ce seroit la dissiper. L'ancre sacrée est toujours gardée pour la dernière extrémité. Si l'on prodigue le *beaucoup* pour le *peu,* que restera-t-il pour le besoin à venir ? Aujourd'hui, il n'y a rien de meilleur que les protecteurs, ni rien de plus précieux que la faveur ; elle fait et défait, jusqu'à donner de l'esprit, et à l'ôter. La Fortune a toujours été aussi marâtre aux Sages que la Nature et la Renommée leur ont été favorables. Il vaut mieux savoir conserver ses amis que ses biens.

MAXIME CLXXII.

Ne s'engager point avec qui n'a rien à perdre.

C'EST combattre à forces inégales, car l'autre entre en lice sans embarras. Comme il a perdu toute honte, il n'a plus rien à perdre, ni à ménager ; et ainsi il se jette à corps perdu dans toutes sortes d'extravagances. La réputation, qui est d'un prix inestimable, ne se doit jamais exposer à de si grans risques.

Après avoir coûté beaucoup d'années à acquérir, elle vient à se perdre en un moment. Il ne faut qu'un petit vent pour geler une abondante sueur. La considération d'avoir beaucoup à perdre retient un homme prudent. Dès qu'il pense à sa réputation, il envisage le danger de la perdre. Et moïennant cette réflexion, il procède avec tant de retenüe, qu'il a le tems de se retirer et de mettre tout son crédit à couvert. L'on n'arrivera jamais à regagner par une victoire ce que l'on a déjà perdu en s'exposant à perdre.

MAXIME CLXXIII.

N'être point de verre
dans la conversation, encore moins
dans l'amitié.

QUELQUES-UNS sont faciles à rompre, et découvrent par là leur peu de consistance. Ils se remplissent eux-mêmes de mécontentemens, et les autres de dégoût. Ils se montrent plus tendres à blesser que

les yeux, puisqu'on ne leur sauroit
toucher, ni de bon, ni de mauvais
jeu ; les atomes même les choquent,
car ils n'ont pas besoin de fantômes.
Ceux qui les fréquentent doivent ex-
trêmement se contraindre, et s'étudier à remarquer toutes leurs déli-
catesses. On n'ose remuer devant
eux, car le moindre geste les inquiète.
D'ordinaire, ce sont des gens pleins
d'eux-mêmes, esclaves de leur volonté, idolâtres de leur sot point-
d'honneur, pour lequel ils boulever-
seroient l'Univers. Celui qui aime
véritablement tient de la nature du
diamant, et pour la durée, et pour
être difficile à rompre.

MAXIME CLXXIV.

Ne point vivre à la hâte.

SAVOIR partager son tems, c'est
savoir joüir de la vie. Plusieurs
ont encore beaucoup à vivre, qui
n'ont plus de quoi vivre contens.
Ils perdent les plaisirs, car ils n'en

joüissent pas ; et quand ils ont été
bien avant, ils voudroient pouvoir
retourner en arrière. Ce sont des
postillons de la vie, qui ajoutent à
la course précipitée du tems l'impétuosité de leur esprit. Ils voudroient
dévorer en un jour ce qu'ils pourroient à peine digérer en toute leur
vie. Ils vivent dans les plaisirs comme
gens qui les veulent tous goûter par
avance. Ils mangent les années à venir, et comme ils font tout à la hâte,
ils ont bientôt tout fait. Le desir
même de savoir doit être modéré,
pour ne pas savoir imparfaitement
les choses. Il y a plus de jours que de
prospéritez. Hâte-toi de faire, et joüis
à loisir. Les affaires valent mieux faites qu'à faire, et le contentement qui
dure est meilleur que celui qui finit.

MAXIME CLXXV.
L'homme substantiel.

CELUI qui l'est ne se contente
point de ceux qui ne le sont

pas. Malheureuse est l'éminence qui n'a rien de substantiel. Tous ceux qui paroissent être des hommes ne le sont pas tous. Il y en a d'artificiels, qui conçoivent de chimère et accouchent de tromperie. Il y en a d'autres qui leur ressemblent, lesquels les font valoir, et se païent plus de l'incertain que promet une fausse apparence, à cause que le *beaucoup* y est; que du certain qu'offre la Vérité, parce que cela paroît peu : mais à la fin leurs caprices aboutissent à mal, d'autant qu'ils n'ont point de fondement solide. Il n'y a que la Vérité qui puisse donner une véritable réputation; et que la substance qui tourne à profit. Une tromperie a besoin de beaucoup d'autres, et, par conséquent, tout l'édifice n'est que chimère; et comme il est fondé en l'air, il est de nécessité qu'il tombe par terre. Un dessein mal conçu ne vient jamais à maturité; le *beaucoup* qu'il promet suffit pour le rendre suspect; ainsi que l'argument qui prouve trop ne prouve rien.

MAXIME CLXXVI.

*Savoir, ou écouter ceux
qui savent.*

L'ON ne sauroit vivre sans entendement, il en faut avoir, ou par nature, ou par emprunt. Il ne laisse pas d'y avoir des gens qui ignorent qu'ils ne savent rien ; et d'autres qui croïent savoir, quoiqu'ils ne sachent rien. Les défauts qui viennent de manque d'esprit sont incurables ; car, comme les ignorans ne se connoissent pas, ils n'ont garde de chercher ce qui leur manque. Quelques-uns seroient sages s'ils ne croïoient pas l'être. De là vient que, bien que les oracles de sagesse soient si rares, ils n'ont rien à faire, attendu que personne ne les consulte. Ce n'est point une diminution de grandeur, ni une marque d'incapacité, que de prendre conseil ; au contraire, l'on se met en passe d'habile homme en se conseillant bien. Rends-toi à la raison, pour n'être point battu de l'infortune.

MAXIME CLXXVII.

*Eviter le trop de familiarité
dans la conversation.*

IL n'est à propos ni de la pratiquer,
ni de la souffrir. Celui qui se fa-
miliarise perd aussitôt la supériorité
que lui donnoit son air sérieux, et, par
conséquent, son crédit. Les astres se
conservent dans leur splendeur parce qu'ils ne se commettent point avec
nous. En se divinisant, l'on s'attire du
respect; en s'humanisant, du mépris.
Plus les choses humaines sont communes, moins elles sont estimées; car
la communication découvre des imperfections que la retraite couvroit. Il
ne se faut populariser avec personne;
point avec ses supérieurs, à cause du
danger; ni avec ses inférieurs, à cause
de l'indécence; encore moins avec les
petites gens, que l'ignorance rend in-
solens; attendu que, ne s'apercevant
pas de l'honneur qu'on leur fait, ils
présument qu'il leur est dû. La fra-
gilité est une branche de bas esprit.

MAXIME CLXXVIII.

*Croire au cœur, et sur-tout quand
c'est un cœur de pressentiment.*

IL ne le faut jamais dédire, car il
a coutume de pronostiquer ce
qui nous importe davantage. C'est
un oracle domestique. Plusieurs ont
péri parce qu'ils se défioient trop
d'eux-mêmes. Mais à quoi sert de se
défier, si l'on ne cherche pas le remède ? Quelques-uns ont un cœur
qui leur dit tout : marque certaine
d'un riche fonds, car ce cœur les
prévient toujours, et sonne le tocsin
aux approches du mal pour les faire
courir au remède. Il n'est pas d'un
homme sage de sortir pour aller
recevoir les maux, mais bien d'aller
au-devant pour les écarter.

MAXIME CLXXIX.

*Se retenir de parler, c'est le sceau
de la capacité.*

UN cœur sans secret, c'est une
lettre ouverte. Où il y a du

fonds, les secrets y sont profonds, car il faut qu'il y ait de grans espaces et de grans creux, là où peut tenir à l'aise tout ce qu'on y jette. La retenüe vient du grand empire que l'on a sur soi-même, et c'est là ce qui s'appelle un vrai trionfe. L'on païe tribut à autant de gens que l'on se découvre. La sûreté de la prudence consiste dans la modération intérieure. Les pièges qu'on tend à la discrétion sont de contredire, pour tirer une explication; et de jeter des mots piquans, pour faire prendre feu. C'est alors que l'homme sage doit se tenir plus resserré. Les choses que l'on veut faire ne se doivent pas dire, et celles qui sont bonnes à dire ne sont pas bonnes à faire.

MAXIME CLXXX.

Ne se régler jamais sur ce que l'ennemi avoit dessein de faire.

UN sot ne fera jamais ce que juge un homme d'esprit, parce

qu'il ne sait pas discerner ce qui est
à propos. Si c'est un homme prudent,
encore moins ; parce qu'il voudra
prendre le contrepié d'un avis péné-
tré, et même prévenu par son adversaire. Les matières doivent être
examinées à deux envers, et prépa-
rées à *pour* et à *contre*, en sorte que
l'on soit prêt à *oui* et à *non*. Les
jugemens sont différens. L'indifférence doit être toujours attentive,
non pas tant pour ce qui arrivera,
que pour ce qui peut arriver.

MAXIME CLXXXI.

*Ne point mentir, mais ne pas dire
toutes les véritez.*

RIEN ne demande plus de circonspection que la vérité, car
c'est se saigner au cœur que de la
dire. Il faut autant d'adresse pour
la savoir dire que pour la savoir
taire. Par un seul mensonge l'on perd
tout ce que l'on a de bon renom.
La tromperie passe pour une fausse

monnoie ; et le trompeur pour un faussaire, qui est encore pis. Toutes les véritez ne se peuvent pas dire ; les unes parce qu'elles m'importent à moi-même, et les autres parce qu'elles importent à autrui.

MAXIME CLXXXII.
*Un grain de hardiesse tient lieu
d'une grande habileté.*

IL est bon de ne se pas former une si haute idée des gens que l'on ne devienne timide devant eux. Que l'imagination n'avilisse jamais le cœur. Quelques-uns paroissent gens d'importance, jusqu'à ce que l'on traite avec eux ; mais on se désabuse bientôt par la communication. Personne ne sort des bornes étroites de l'homme. Chacun a son *si*, les uns quant à l'esprit ; les autres quant au génie. La dignité donne une autorité apparente, mais il est rare que les qualitez personnelles y répondent ; car la fortune a coutume de ravaler la supériorité de l'emploi par l'infériorité des mérites. L'imagination va toujours loin, et représente les choses plus grandes qu'elles ne sont ; elle ne conçoit pas seulement ce qu'il y a, mais encore ce qu'il y pourroit avoir. C'est à la raison de la corriger, après s'être désabusée par tant d'expériences. Enfin, il ne sied ni à l'ignorance d'être hardie, ni à la capacité d'être timide ; et si l'assurance sert bien à ceux qui ont peu de fonds, à plus forte raison doit-elle servir à ceux qui en ont beaucoup.

MAXIME CLXXXIII.

Ne se point entêter.

TOUS les sots sont opiniâtres, et tous les opiniâtres sont des sots. Plus leurs sentimens sont erronez, moins ils en démordent. Dans les choses même où l'on a plus de raison et de certitude, c'est chose honnête de céder : car alors per-

sonne n'ignore qui avoit la raison ;
et l'on voit aussi qu'outre la raison,
la galanterie en est encore. Il se perd
plus d'estime par une défense opiniâtre, qu'il ne s'en gagne à l'emporter de vive force ; car ce n'est pas
là défendre la vérité, mais plutôt
montrer sa rusticité. Il y a des têtes
de fer tres-difficiles à convaincre, et
qui vont toujours à quelque extrémité incurable ; et quand une fois le
caprice se joint à leur entêtement,
ils font une alliance indissoluble
avec l'extravagance. L'inflexibilité
doit être dans la volonté, et non pas
dans le jugement ; bien qu'il y ait des
cas d'exception, où il ne faut pas se
laisser gagner, ni vaincre doublement, c'est-à-dire dans la raison et
dans l'exécution.

MAXIME CLXXXIV.

N'être point cérémonieux.

L'AFFECTATION de l'être fut
autrefois censurée comme une

singularité vicieuse, et même dans
un Roi. Le pointilleux est fatigant.
Il y a des nations entières malades
de cette délicatesse. La robe de la
Sottise se coud à petits points. Ces
idolâtres de point d'honneur montrent bien que leur honneur est fondé
sur peu de chose, puisque tout leur
paroît capable de le blesser. Il est
bon de se faire respecter, mais il est
ridicule de passer pour un grand
maître de complimens : il est bien
vrai qu'un homme sans cérémonie a
besoin d'avoir un grand mérite en
la place. La courtoisie ne se doit ni
affecter, ni mépriser. Celui-là ne se
fait pas estimer habile homme, qui
s'arrête trop aux formalitez.

MAXIME CLXXXV.

*N'exposer jamais son crédit au
risque d'une seule entrevüe.*

CAR, si l'on n'en sort pas bien,
c'est une perte irréparable. Il
arrive souvent de manquer une fois,

et particulièrement la première. L'on n'est pas toujours à point ; et de là vient le proverbe : *Ce n'est pas mon jour.* Il faut donc faire en sorte que si l'on manque la première fois, la seconde répare tout ; ou que la première serve de garant à la seconde qui ne réüssit pas. L'on doit toujours avoir son recours à *mieux,* et de *beaucoup* appeler à *davantage.* Les affaires dépendent de certains cas fortuits, et même de plusieurs, et par conséquent, la réüssite est un rare bonheur.

MAXIME CLXXXVI.

Discerner les défauts, quoiqu'ils soient devenus à la mode.

BIEN que le Vice soit paré de drap d'or, l'homme de bien ne laisse pas de le reconnoître. Il a beau être quelquefois couronné d'or, il ne sauroit jamais se déguiser si bien que l'on ne s'aperçoive qu'il est de fer. Il veut se couvrir de la noblesse de ses partisans, mais il ne dépoüille jamais sa bassesse, ni la misère de son esclavage. Les vices peuvent bien être exaltez, mais non pas exalter. Quelques-uns remarquent que tel héros a eu tel vice ; mais ils ne considèrent pas que ce n'est pas ce vice qui l'a érigé en héros. L'exemple des grans est si bon réthoricien, qu'il persuade jusqu'aux choses les plus infâmes. Quelquefois la flatterie a bien affecté jusqu'à des laideurs corporelles, faute d'observer que si elles se tolèrent dans les grans, elles sont insupportables dans les petits.

MAXIME CLXXXVII.

Faire soi-même tout ce qui est agréable, et par autrui tout ce qui est odieux.

L'UN concilie la bienveillance, l'autre écarte la haine. Il y a plus de plaisir à faire du bien qu'à en recevoir. C'est là que les hommes généreux font consister leur félicité. Il arrive rarement de donner du chagrin à autrui sans en prendre soi-même, soit par compassion, ou par *répassion*. Les causes supérieures n'opèrent jamais qu'il ne leur en revienne ou loüange ou récompense. Que le bien vienne immédiatement de toi, et le mal par un autre. Prens quelqu'un sur qui tombent les coups du mécontentement, c'est-à-dire la haine et les murmures. Il en est du vulgaire comme des chiens, faute de connoître la cause de son mal, il jette sa rage sur l'instrument ; en sorte que l'instrument porte la peine d'un mal dont il n'est pas la cause principale.

MAXIME CLXXXVIII.

Porter toujours en compagnie
quelque chose à loüer.

C'EST le moïen de se faire passer pour homme de bon goût, et sur le jugement de qui l'on peut s'assurer de la bonté des choses. Celui qui a bien su connoître auparavant la perfection, saura bien l'estimer après. Il fournit matière à la conversation et à l'imitation, en y développant des connoissances plausibles. C'est une manière politique de vendre la courtoisie aux personnes présentes qui ont les mêmes perfections. D'autres au contraire apportent toujours de quoi blâmer, et flattent ceux qui sont présens, en méprisant les absens; ce qui leur réüssit auprès de ces gens qui ne regardent qu'au dehors, attendu que telles gens ne remarquent pas la finesse de parler mal des uns devant les autres. Quelques-uns se font une politique d'estimer davantage les perfections médiocres d'aujourd'hui que les merveilles d'hier. C'est donc à l'homme prudent de prendre garde à tous les artifices par où tous ces gens-là tâchent d'arriver à leur but, pour n'être point découragé par l'exagération des uns, ni enorgüeilli par la flatterie

des autres. Qu'il sache que les uns
et les autres procèdent de la même
manière avec les deux parties, et ne
font que leur donner l'alternative,
en ajustant toujours leurs sentimens
au lieu où ils se trouvent.

MAXIME CLXXXIX.
Se prévaloir du besoin d'autrui.

SI la privation passe jusqu'au
desir, c'est la plus efficace des
contraintes. Les filosofes ont dit que
la privation n'étoit rien, et les politiques que c'étoit tout ; et sans doute
ceux-ci l'ont mieux connüe. Il y a
des gens qui, pour arriver à leur but,
se font un chemin par le desir des
autres. Ils se servent de l'occasion,
et provoquent le desir par la difficulté de l'obtention. Ils se promettent
davantage de l'ardeur de la passion
que de la tiédeur de la possession,
d'autant que le desir s'échauffe à
mesure que croît la répugnance. Le
vrai secret d'arriver à ses fins est

de tenir toujours les gens dans la
dépendance.

MAXIME CXC.

Trouver sa consolation partout.

CEUX même qui sont inutiles
ont celle d'être éternels. Il n'y
a point d'ennui qui n'ait sa consolation : les fous trouvent la leur dans
le bonheur. *La chance en dit à femme
laide*, dit le proverbe. Pour vivre
long-tems, il n'y a qu'à valoir peu.
Le pot fêlé ne se casse presque jamais, il dure tant qu'on se lasse de
s'en servir. Il semble que la fortune
porte envie aux gens d'importance,
puisqu'elle joint la durée avec l'incapacité dans les uns, et le peu de
vie avec le beaucoup de mérite dans
les autres. Tous ceux qu'il importera
qui vivent, manqueront toujours de
bonne heure ; et ceux qui ne seront
bons à rien, seront éternels, soit à
cause qu'ils paroissent être tels, ou
parce qu'ils le sont en effet. Il semble

que le sort et la mort sont de concert
à oublier un malheureux.

MAXIME CXCI.

*Ne se point repaître d'une courtoisie
excessive.*

CAR c'est une espèce de tomperie.
Quelques-uns n'ont pas besoin
des herbes de la Thessalie pour ensor-
celer, ils enchantent les sots et les
présomptueux par le seul attrait
d'une révérence. Ils font marchandise de l'honneur, et païent du vent
de quelques belles paroles. Qui
promet tout ne promet rien, et les
promesses sont autant de pas glissans
pour les fous. La vraïe courtoisie est
une dette ; celle qui est affectée, et non
d'usage, est une tromperie. Ce n'est
pas une bienséance, mais une dépendance ; ils ne font pas la révérence à
la personne, mais à la fortune ; leur
flatterie n'est point une connoissance
qu'ils aïent du mérite, mais une re-
cherche de l'utilité qu'ils espèrent.

MAXIME CXCII.

*L'homme de grande paix est homme
de longue vie.*

POUR vivre, laisse vivre. Non
seulement les pacifiques vivent,
mais ils règnent. Il faut oüir et voir,
mais avec cela se taire. Le jour passé
sans débat fait passer la nuit en
sommeil. Vivre beaucoup, et vivre
avec plaisir, c'est vivre pour deux ;
et c'est le fruit de la paix intérieure.
Celui-là a tout, qui ne se soucie point
de tout ce qui ne lui importe point.
Il n'y a rien de plus impertinent que
de prendre à cœur ce qui ne nous
touche point, ou de n'y pas laisser
entrer ce qui nous importe.

MAXIME CXCIII.

*Veille de près sur celui qui entre
dans ton intérêt pour sortir
avec le sien.*

IL n'y a point de meilleur préser-
vatif contre la finesse, que la

précaution. A l'homme entendu, bon entendeur. Quelques-uns font leurs affaires en paroissant faire celles d'autrui ; de sorte qu'à moins que d'avoir le contrechiffre des intentions, l'on se trouve à chaque pas contraint de se brûler les doigts pour sauver du feu le bien d'un autre.

MAXIME CXCIV.

Juger modestement de soi-même et de ses affaires, sur-tout quand on ne fait que commencer à vivre.

TOUTES sortes de gens ont de hauts sentimens d'eux-mêmes, et particulièrement ceux qui valent le moins. Chacun se figure une belle fortune, et s'imagine être un prodige. L'espérance s'engage témérairement, et puis l'expérience ne la seconde en rien. La vaine imagination a pour bourreau la réalité qui la détrompe. C'est donc à la prudence à corriger de tels égaremens ; et bien qu'il soit permis de desirer le meilleur, il faut

toujours s'attendre au pire pour
prendre en patience tout ce qui arrivera. C'est adresse que de viser un
peu plus haut pour mieux adresser
son coup ; mais il ne faut pas tirer
si haut que l'on vienne à faillir dès
le premier coup. Cette réformation
de son imagination est nécessaire,
car la présomption sans l'expérience
ne fait que radoter. Il n'y a point de
remède plus universel contre toutes
les impertinences, que le bon entendement. Que chacun connoisse la
sphère de son activité et de son état ;
ce sera le moïen de régler l'opinion
de soi-même sur la réalité.

MAXIME CXCV.
Savoir estimer.

IL n'y a personne qui ne puisse
être le maître d'un autre en quelque chose. Celui qui excède trouve
toujours quelqu'un qui l'excède. Savoir cüeillir ce qu'il y a de bon dans
chaque homme, c'est un utile savoir.

Le Sage estime tout le monde, parce qu'il sait ce que chacun a de bon, et ce que les choses coûtent à les faire bien. Le fou n'estime personne, d'autant qu'il ignore ce qui est bon, et que son choix va toujours au pire.

MAXIME CXCVI.

Connoître son étoile.

NUL n'est si misérable qu'il n'ait son étoile ; et s'il est malheureux, c'est à cause qu'il ne la connoît pas. Quelques-uns ont accès chez les Princes et chez les grans, sans savoir ni comment, ni pourquoi, si ce n'est que leur sort leur y a facilité l'entrée ; de sorte qu'il ne leur faut qu'un peu d'industrie pour maintenir la faveur. D'autres se trouvent comme nez à plaire aux sages. Tel a été plus agréable dans un païs que dans un autre, et mieux reçu dans cette ville-ci que dans celle-là. Il arrive aussi d'être plus heureux dans un emploi que dans tous les autres, quoique l'on ne

soit ni plus ni moins capable. Le
sort fait et défait comme et quand
il lui plaît. Chacun doit donc s'étudier à connoître son destin et à sonder sa minerve ; d'où dépend toute
la perte ou tout le gain. Qu'il sache
s'accommoder à son sort, et qu'il se
garde bien de le vouloir changer ;
car ce seroit manquer la route que
lui marque l'étoile du Nord.

MAXIME CXCVII.

*Ne s'embarrasser jamais
avec les sots.*

C'EN est un que celui qui ne les
connoît pas, et encore davantage celui qui, les connoissant, ne
s'en défait pas. Il est dangereux de
les hanter, et pernicieux de les
appeler à sa confidence, car bien
que leur propre timidité et l'œil
d'autrui les retiennent quelque tems,
leur extravagance s'échappe toujours
à la fin, parce qu'ils n'ont différé de
la montrer que pour la rendre plus

solennelle. Il est bien difficile que celui qui ne sait pas conserver son propre crédit puisse soutenir celui d'autrui. D'ailleurs, les sots sont tres-malheureux ; car la misère est attachée à l'impertinence, comme la peau aux os. Ils n'ont qu'une seule chose, qui n'est pas tant mauvaise : c'est que, comme la sagesse des autres ne leur sert de rien, ils sont au contraire tres-utiles aux Sages qui s'instruisent et se précautionnent à leurs dépens.

MAXIME CXCVIII.

Savoir se transplanter.

IL y a des gens qui, pour valoir leur prix, sont obligez de changer de païs, sur-tout s'ils veulent occuper de grans postes. La patrie est la marâtre des perfections éminentes ; l'envie y règne comme en son païs natal ; l'on s'y souvient mieux des imperfections qu'un homme avoit au commencement, que du mérite par où il est parvenu à la grandeur. Une

épingle a pu passer pour une chose
de prix, en passant d'un monde à
l'autre ; et quelquefois un verre a été
préféré à un diamant, pour être venu
de loin. Tout ce qui est étranger est
estimé, soit à cause qu'il est venu de
loin, ou parce qu'on le trouve tout fait
et dans la perfection. Nous avons vu
des hommes qui étoient le rebut d'un
petit canton, et qui sont aujourd'hui
l'honneur du monde, étant également
révérez de leurs compatriotes et des
étrangers ; des uns parce qu'ils en sont
loin, et des autres parce qu'ils sont de
loin. Celui-là n'aura jamais beaucoup
de vénération pour une statüe, qui
l'a vüe pié d'arbre dans un jardin.

MAXIME CXCIX.

Savoir se mettre sur le pié d'homme
sage, et non d'homme intrigant.

LE plus court chemin pour arriver à la réputation, est celui des
mérites. Si l'industrie est fondée sur
le mérite, c'est le vrai moïen de par-

venir. L'intégrité seule ne suffit pas ;
le seul entregent ne fait pas le mérite,
car les choses se trouvent alors si
défectueuses qu'elles donnent du
dégoût. Il est donc requis, et d'avoir
du mérite, et de savoir s'introduire.

MAXIME CC.

*Avoir toujours quelque chose à
desirer, pour n'être pas malheureux
dans son bonheur.*

LE corps respire, et l'esprit as-
pire. Si l'on étoit en possession
de tout, l'on seroit dégoûté de tout. Il
est même nécessaire à la satisfaction
de l'entendement, qu'il lui reste toujours quelque chose à savoir pour repaître sa curiosité. L'espérance fait
vivre, et le rassasiement de plaisir
rend la vie à charge. En fait de récompense, c'est adresse de ne la donner
jamais tout entière. Quand on n'a plus
rien à desirer, tout est à craindre ; c'est
une félicité malheureuse. La crainte
commence par où finit le desir.

MAXIME CCI.

*Tous ceux qui paroissent fous
le sont, et encore la moitié de ceux
qui ne le paroissent pas.*

LA folie s'est emparée du monde ; et s'il y a tant soit peu de sagesse, c'est pure folie en comparaison de la Sagesse d'en haut. Mais le plus grand fou est celui qui ne croit pas l'être, et en accuse tous les autres. Pour être sage, il ne suffit pas de le paroître à soi-même. Celui-là l'est qui ne pense pas l'être ; et celui qui ne s'aperçoit pas que les autres voïent, ne voit pas lui-même. Quelque plein que le monde soit de fous et de sots, il n'y a personne qui le croïe être, ni même qui s'en soupçonne.

MAXIME CCII.

*Les dits et les faits rendent
un homme accompli.*

IL faut dire de bonnes choses, et en faire de belles. L'un montre une bonne tête, et l'autre un bon cœur, et l'un et l'autre naissent de la supériorité de l'esprit. Les paroles sont l'ombre des actions. La parole est la femelle, et *faire* est le mâle. Il vaut mieux être le sujet du panégyrique que le panégyriste. Il vaut mieux recevoir des louanges que d'en donner. Le *dire* est aisé, le *faire* est difficile. Les beaux faits sont la substance de la vie, et les beaux mots en sont l'ornement. L'excellence des faits est de durée, celle des dits est passagère. Les actions sont le fruit des réflexions. Les uns sont sages, les autres sont vaillans.

MAXIME CCIII.

Connoître les excellences de son siècle.

ELLES ne sont pas en grand nombre, il n'y a Phénix dans le monde. En tout un siècle il se voit à peine un grand capitaine, un parfait orateur, un Sage : et il faut plusieurs siècles pour trouver un excellent Roi. Les médiocritez sont ordinaires, soit pour le nombre, ou pour l'estime ; mais les excellences sont rares en tout, parce qu'elles demandent une perfection accomplie ; et que plus la catégorie est sublime, plus il est difficile d'en atteindre le plus haut degré. Plusieurs ont usurpé le surnom de *Grand* à César et à Alexandre, mais en vain ; car sans les faits la voix du peuple n'est qu'un peu d'air. Il y a eu peu de Sénèques, et la renommée n'a célébré qu'un seul Apelles.

MAXIME CCIV.

Ce qui est facile se doit entreprendre comme s'il étoit difficile ; et ce qui est difficile comme s'il étoit facile.

L'UN, de peur de se relâcher par trop de confiance ; l'autre, de peur de perdre courage à force de trop craindre. Pour manquer à faire

une chose, il n'y a qu'à la compter
pour faite ; au contraire la diligence
surmonte l'impossibilité. Quant aux
grandes entreprises, il n'y faut pas
raisonner, il suffit de les embrasser
quand elles se présentent, de peur
que la considération de leur difficulté ne les fasse abandonner.

MAXIME CCV.

Savoir jouer de mépris.

LE vrai secret d'obtenir les choses qu'on desire, est de les
dépriser. D'ordinaire on ne les trouve
pas quand on les cherche ; au lieu
qu'elles se présentent d'elles-mêmes
quand on ne s'en soucie pas. Comme
les choses de ce monde sont l'ombre
de celles du Ciel, elles tiennent cette
propriété de l'ombre, qu'elles fuïent
celui qui les suit, et poursuivent celui qui les fuit. Le mépris est aussi
la plus politique vengeance. C'est la
maxime universelle des Sages de ne
se défendre jamais avec la plume,

parce qu'elle laisse des traces, qui
tournent plus à la gloire des ennemis
qu'à leur humiliation : outre que
cette sorte de défense fait plus d'honneur à l'envie que de mortification
à l'insolence. C'est une finesse des
petites gens de tenir tête à de grans
hommes, pour se mettre en crédit
par une voie indirecte, faute d'y
pouvoir être à bon droit. Bien des
gens n'eussent jamais été connus, si
d'excellens adversaires n'eussent pas
fait état d'eux. Il n'y a point de plus
haute vengeance que l'oubli ; car
c'est ensevelir ces gens-là dans la
poussière de leur néant. Les témé-
raires s'imaginent de s'éterniser en
mettant le feu aux merveilles du
monde et des siècles. L'art de répri-
mer la médisance, c'est de ne s'en
point soucier. Y répondre, c'est se
porter préjudice ; s'en offenser, c'est
se décréditer, et donner à l'envie de
quoi se complaire ; car il ne faut
que cette ombre de défaut, sinon pour
obscurcir entièrement une beauté

parfaite, du moins pour lui ôter son plus vif éclat.

MAXIME CCVI.

Il y a partout un vulgaire.

A Corinthe même, et dans la famille la plus accomplie ; et chacun l'expérimente dans sa propre maison. Il y a non seulement un vulgaire, mais encore un double vulgaire qui est le pire. Celui-ci a les mêmes propriétez que le commun vulgaire, de même que les pièces d'un miroir cassé ont toutes la même transparence ; mais il est bien plus dangereux. Il parle en fou, et censure en impertinent. C'est le grand disciple de l'ignorance, le parrain de la sottise, et le proche parent de la charlatanerie. Il ne faut pas s'arrêter à ce qu'il dit, encore moins à ce qu'il pense. Il importe de le connoître, pour pouvoir s'en délivrer si bien que l'on n'en soit ni le compagnon, ni l'objet ; car toute sottise tient de la nature du vulgaire, et le vulgaire n'est composé que de sots.

MAXIME CCVII.

User de retenüe.

IL faut prendre garde à son fait, sur-tout dans les cas imprévus. Les saillies des passions sont autant de pas glissans, qui font trébucher la prudence ; c'est là qu'est le danger de se perdre. Un homme s'engage plus en un moment de fureur ou de plaisir, qu'en plusieurs heures d'indifférence. Quelquefois une petite échauffourée coûte un repentir qui dure toute la vie. La malice d'autrui dresse des embûches à la prudence pour découvrir terre. Elle se sert de cette sorte de torture pour tirer le secret du cœur le plus caché. Il faut donc que la retenüe fasse la contrebatterie, et particulièrement dans les occasions chaudes. Il est besoin de beaucoup de réflexion pour

empêcher une passion de se déchar-
ger. Celui-là est bien sage, qui la
mène par la bride. Quiconque connoît le danger, marche à pas comptez.
Une parole paroît aussi offensante
à celui qui la recüeille et la pèse,
qu'elle paroît de peu de conséquence
à celui qui la dit.

MAXIME CCVIII.

Ne point mourir du mal de fou.

D'ORDINAIRE les Sages meurent pauvres de sagesse ; au
contraire, les fous meurent riches de
conseil. Mourir en fou, c'est mourir
de trop raisonner. Les uns meurent
parce qu'ils sentent ; et les autres
vivent parce qu'ils ne sentent pas ; en
sorte que les uns sont fous parce
qu'ils ne meurent pas de sentiment,
et les autres parce qu'ils en meurent.
Celui-là est fou, qui meurt de trop
d'entendement ; si bien que les uns
meurent d'être bons *entendeurs*, et

les autres vivent de n'être pas *entendus*. Mais quoique beaucoup de gens meurent en fous, tres-peu de fous meurent.

MAXIME CCIX.

Ne point donner dans la folie des autres.

C'EST l'effet d'une rare sagesse ; car tout ce que l'exemple et l'usage introduisent a beaucoup de force. Quelques-uns, qui ont pu se garantir de l'ignorance particulière, n'ont pas su se soustraire à l'ignorance générale. C'est un dire commun, que personne n'est content de sa condition, bien que ce soit la meilleure ; ni mécontent de son esprit, quoique ce soit le pire. Chacun envie le bonheur d'autrui, faute d'être content du sien. Ceux d'aujourd'hui loüent les choses d'hier, et ceux d'ici celles de delà. Tout le passé paroît meilleur, et tout ce qui est éloigné est plus estimé. Aussi fou est celui qui se rit de tout, que celui qui se chagrine de tout.

MAXIME CCX.
Savoir joüer de la vérité.

ELLE est dangereuse, mais pourtant l'homme de bien ne peut pas laisser de la dire ; et c'est là qu'il est besoin d'artifice. Les habiles médecins de l'âme ont essaïé tous les moïens de l'adoucir, car lorsqu'elle touche au vif, c'est la quint' essence de l'amertume. La discrétion développe là toute son adresse : avec une même vérité elle flatte l'un, et assomme l'autre. Il faut parler à ceux qui sont présens, sous le nom des absens ou des morts. A un bon entendeur, il ne lui faut qu'un signe ; et quand cela ne suffira pas, le meilleur expédient est de se taire. Les Princes ne se guérissent pas avec des remèdes amers ; il est de la prudence de leur dorer la pilule.

MAXIME CCXI.

Au Ciel tout est plaisir; en Enfer
tout est peine : le Monde,
comme mitoïen, tient de
l'un et de l'autre.

NOUS sommes entre les deux extrémitez, et ainsi nous tenons de toutes les deux. Il y a une alternative de sort ; ni tout ne sauroit être bonheur, ni tout être malheur. Ce Monde est un zéro ; tout seul il ne vaut rien, joint avec le Ciel il vaut beaucoup. C'est sagesse d'être indifférent à tous ses changemens, parce que la nouveauté n'est point le fait des Sages. Notre vie se joüe comme une comédie, sur la fin elle vient à se dégager ; le point est de la bien finir.

MAXIME CCXII.

Se réserver toujours la fin de l'art.

LES grans maîtres usent de cette adresse, lors même qu'ils

enseignent leur métier. Il faut toujours garder une supériorité, et rester le maître. En communiquant son art, il est besoin de le faire avec art. Il ne faut jamais épuiser la source d'enseigner, ni celle de donner ; c'est par là que l'on conserve sa réputation et son autorité. En matière de plaire et d'enseigner, c'est un grand précepte à garder, que d'avoir toujours de quoi paître l'admiration en poussant la perfection toujours plus avant. En toutes professions, et particulièrement dans les emplois les plus sublimes, ç'a été une grande règle de vivre et de vaincre, que de ne se pas prodiguer.

MAXIME CCXIII.
Savoir contredire.

C'EST une excellente ruse quand on le sait faire, non pas pour s'engager, mais pour engager ; c'est l'unique torture qui puisse faire faillir les passions. La lenteur à croire

est un vomitif qui fait sortir les secrets ; c'est la clef pour ouvrir le
cœur le plus renfermé. La double
sonde de la volonté et du jugement
demande une grande dextérité. Un
mépris adroit de quelque mot mystérieux d'un autre, donne la chasse
aux plus impénétrables secrets, et,
par un agréable sucement, les fait
venir jusque sur le bord de la langue, pour les prendre dans les filets
de l'artifice. La retenüe de celui qui
se tient sur ses gardes, fait que son
espion se retire à l'écart ; et qu'ainsi
il découvre la pensée d'autrui, qui
autrement étoit impénétrable. Un
doute affecté est une fausse-clef de
fine trempe, par où la curiosité entre
en connoissance de tout ce qu'elle
veut savoir. En matière d'apprendre,
c'est un trait d'adresse au disciple
que de contredire à son maître,
d'autant que c'est une obligation
qu'il lui impose, de s'efforcer à
expliquer plus clairement et plus
solidement la vérité ; de sorte que la

contradiction modérée donne occasion à celui qui enseigne d'enseigner
à fond.

MAXIME CCXIV.

D'une folie n'en pas faire deux.

IL est tres-ordinaire, après une
sottise faite, d'en faire quatre
autres pour la r'habiller ; l'on excuse
une impertinence par une autre plus
grande. La Sottise est de la race du
Mensonge, ou celui-ci de la race de la
Sottise ; pour en soutenir une, il en
faut beaucoup d'autres. La défense
d'une mauvaise cause a toujours été
pire que la cause même. C'est un
mal plus grand que le mal même, de
ne le savoir pas couvrir. C'est le re-
venu des imperfections, d'en mettre
beaucoup d'autres à rente. L'homme
le plus sage peut bien faillir une fois,
mais non pas deux ; en passant, et
par inadvertance, mais non de sens
rassis.

MAXIME CCXV.

Avoir l'œil sur celui qui joüe
de seconde intention.

C'EST une ruse d'homme de né-
gociation, d'amuser la volonté
pour l'attaquer ; car elle est vaincüe
dès qu'elle est convaincüe. On dissimule sa prétention pour y parvenir ;
on se met le second en rang pour
être le premier dans l'exécution ; on
assure son coup sur l'inadvertance
de son adversaire. Ne laisse donc
pas dormir ton attention, puisque
l'intention de ton rival est si éveil-
lée. Et si l'intention est seconde en
dissimulation, il faut que le discernement soit premier en connoissance.
C'est à la précaution de reconnoître
l'artifice dont la personne se sert, et
de remarquer les visées qu'elle prend
pour frapper au but de sa prétention. Comme elle propose une chose
et en prétend une autre, et qu'elle se
tourne et retourne pour arriver finement à ses fins, il faut bien regarder à

ce qu'on lui accorde ; et quelquefois même il sera bon de lui donner à entendre que l'on a compris sa pensée.

MAXIME CCXVI.
Parler net.

CELA montre non seulement du dégagement, mais encore de la vivacité d'esprit. Quelques-uns conçoivent bien, et enfantent mal ; car, sans la clarté, les enfans de l'âme, c'est-à-dire les pensées et les expressions, ne sauroient venir au jour. Il en est de certaines gens comme de ces pots qui tiennent beaucoup et donnent peu : au contraire, d'autres en disent encore plus qu'ils n'en savent. Ce que la résolution est dans la volonté, l'expression l'est dans l'entendement ; ce sont deux grandes perfections. Les esprits nets sont *plausibles ;* souvent les esprits confus ont été admirez pour n'avoir pas été entendus. Quelquefois l'obscurité

sied bien pour se distinguer du vulgaire. Mais comment les autres juge-
ront-ils de ce qu'ils écoutent, si ceux
qui parlent ne conçoivent pas eux-
mêmes ce qu'il disent ?

MAXIME CCXVII.
*Il ne faut ni aimer, ni haïr
pour toujours.*

VIS aujourd'hui avec tes amis
comme avec ceux qui peuvent
être demain tes pires ennemis. Puisque cela se voit par l'expérience, il est
bien juste de donner dans la prévention. Garde-toi de donner des armes
aux transfuges de l'amitié, d'autant
qu'ils t'en font la plus cruelle guerre.
Au contraire, à l'égard de tes ennemis,
laisse toujours une porte ouverte à la
réconciliation, c'est-à-dire celle de
la galanterie, qui est la plus sûre.
Quelquefois la vengeance d'auparavant a été la cause du regret d'après,
et le plaisir pris à faire du mal s'est
tourné en déplaisir de l'avoir fait.

MAXIME CCXVIII.

*Ne rien faire par caprice, mais tout
avec circonspection.*

TOUT caprice est un apostume ;
c'est le fils aîné de la passion,
qui fait tout à rebours. Il y a des gens
qui tournent tout en petite-guerre.
Dans la conversation ce sont des ban-
douliers ; de tout ce qu'ils font, ils
en voudroient faire un trionfe ; ils ne
savent ce que c'est d'être pacifique.
En matière de commander et de gouverner, ils sont pernicieux, parce que
du gouvernement ils en font une ligue
offensive, et de ceux qu'ils devroient
tenir en qualité d'enfans, ils en forment un parti d'ennemis. Ils veulent
tout mener à leur mode, et tout
emporter comme chose düe à leur
adresse. Mais, dès que l'on vient à
découvrir leur humeur paradoxe, l'on
se met en garde contre eux ; leurs
chimères sont relancées ; et, par conséquent, bien loin d'arriver à leur
but, ils ne remportent qu'un amas de

chagrins, chacun aidant à les mor-
tifier. Ces pauvres gens ont le sens
blessé, et quelquefois aussi le cœur
gâté. Le moïen de se défaire de tels
monstres est de s'enfuir aux Anti-
podes, dont la barbarie sera plus
supportable que l'humeur féroce de
ces gens-là.

MAXIME CCXIX.

*Ne point passer pour homme
d'artifice.*

VÉRITABLEMENT, on ne sau-
roit vivre aujourd'hui sans en
user ; mais il faut plutôt choisir d'être
prudent que d'être fin. L'humeur
ouverte est agréable à tout le monde,
mais bien des gens n'en veulent point
chez eux. La sincérité ne doit jamais
dégénérer en simplicité, ni la sagacité en finesse. Il vaut mieux être respecté comme Sage, que craint comme
trop pénétrant. Les gens sincères sont
aimez, mais trompez. Le plus grand
artifice est de bien cacher ce qui

passe pour tromperie. La candeur florissait dans le siècle d'or, la malice règne à son tour dans ce siècle de fer. Le renom de savoir ce que l'on a à faire est honorable, et attire la confiance ; mais celui d'être artificieux est sofistique, et engendre la défiance.

MAXIME CCXX.

Se couvrir de la peau du renard,
quand on ne peut pas
se servir de celle du lion.

SAVOIR céder au tems, c'est excéder. Celui qui vient à bout de son dessein ne perd jamais sa réputation ; l'adresse doit suppléer à la force. Si l'on ne sauroit aller par le chemin roïal de la force ouverte, il faut prendre la route détournée de l'artifice ; la ruse est bien plus expéditive que la force. Les sages ont plus souvent vaincu les braves, que les braves n'ont vaincu les sages. Quand une entreprise vient à manquer, la porte est ouverte au mépris.

MAXIME CCXXI.

*N'être point trop prompt
à s'engager, ni à engager autrui.*

IL y a des gens nez pour broncher,
et pour faire broncher les autres
contre la bienséance. Ils sont toujours à point pour faire des sottises.
Ils ont une grande facilité à donner
un rude choc, mais ils se brisent
malheureusement. Ils n'en sont pas
quittes pour cent querelles par jour.
Comme ils ont l'humeur à contrepoil, ils contredisent à tout et à tous;
aïant le jugement chaussé de travers,
ils désapprouvent tout. Il n'appartient qu'à ces grans aventuriers de
prudence de ne rien faire à propos,
et de censurer tout. Que de monstres
dans le vaste païs de l'impertinence !

MAXIME CCXXII.

*L'homme retenu a toute l'apparence
d'être prudent.*

LA langue est une bête sauvage
qu'il est tres-difficile de re-

mettre à la chaîne, quand une fois
elle est échappée. C'est le pouls par
où les Sages connoissent la disposition
de l'âme ; c'est là que les personnes
intelligentes tâtent le mouvement du
cœur. Le mal est que celui qui devoit
être le plus discret l'est le moins. Le
Sage s'épargne des chagrins et des
engagemens, et montre par là com-
bien il est maître de soi-même, il
agit avec circonspection ; c'est un
Janus en équivalent, et un Argus en
discernement. Momus eût eu meilleure raison de dire qu'il manquoit
des yeux aux mains, que de dire qu'il
falloit une petite fenêtre au cœur.

MAXIME CCXXIII.

*N'être pas trop singulier, ni par
affectation, ni par inadvertance.*

QUELQUES gens se font remarquer par leur singularité, c'est-
à-dire par des actions de folie, qui
sont plutôt des défauts que des
différences ; et comme quelques-uns

sont connus de tout le monde, à cause
qu'ils ont quelque chose de tres-laid
au visage, ceux-ci le sont par je ne
sais quel excès qui paroît dans leur
contenance. Il ne sert de rien de se
singulariser, sinon à se faire passer
pour un original impertinent ; ce qui
provoque alternativement la moquerie des uns et la mauvaise humeur
des autres.

MAXIME CCXXIV.

*Ne prendre jamais les choses
à contrepoil,
bien qu'elles y viennent.*

TOUT a son droit et son envers.
La meilleure chose blesse si
on la prend à contresens ; au contraire, la plus incommode accommode
si elle est prise par le manche. Bien
des choses ont fait de la peine, qui
eussent donné du plaisir si l'on en
eût connu le bon. Il y a à tout du bon
et du mauvais ; l'habileté est à savoir
trouver le premier. Une même chose

a différentes faces, selon qu'on la
regarde différemment ; et de là vient
que les uns prennent plaisir à tout,
et les autres à rien. Le meilleur expédient contre les revers de la fortune, et pour vivre heureux en tout
tems et en tous emplois, est de regarder chaque chose par son bel
endroit.

MAXIME CCXXV.

Connoître son défaut dominant.

CHACUN en a un, qui fait un
contrepoids à sa perfection dominante ; et si l'inclination le seconde, il domine en tyran. Que l'on
commence donc à lui faire la guerre
en la lui déclarant ; et que ce soit par
un manifeste. Car s'il est connu, il
sera vaincu ; et particulièrement si
celui qui l'a le juge aussi grand qu'il
paroît aux autres. Pour être maître
de soi, il est besoin de réfléchir sur
soi. Si une fois cette racine des imperfections est arrachée, l'on vien-

dra bien à bout de toutes les autres.

MAXIME CCXXVI.
Attention à engager.

LA pluspart des hommes ne parlent ni n'agissent point selon ce qu'ils sont, mais selon l'impression des autres. Il n'y a personne qui ne soit plus que suffisant pour persuader le mal, d'autant que le mal est cru tres-facilement, quelquefois même qu'il est incroïable. Tout ce que nous avons de meilleur dépend de la fantaisie d'autrui. Quelques-uns se contentent d'avoir la raison de leur côté, mais cela ne suffit pas, et, par conséquent, il faut le secours de la poursuite. Quelquefois le soin d'engager coûte tres-peu et vaut beaucoup. Avec des paroles on achète de bons effets. Dans cette grande hôtellerie du monde, il n'y a point de si petit ustensile dont il n'arrive d'avoir besoin une fois l'an ; et si peu qu'il vaille, il sera tres-incommode de s'en passer. Chacun parle de l'objet selon sa passion.

MAXIME CCXXVII.

N'être point homme de première impression.

QUELQUES-UNS se marient si follement avec la première information, que toutes les autres ne leur sont plus que des concubines. Et comme le mensonge va toujours le premier, la vérité ne trouve plus de place. L'entendement et la volonté ne se doivent jamais remplir ni de la première proposition, ni du premier objet ; ce qui est la marque d'un pauvre fonds. Quelques gens ressemblent à un pot neuf, qui prend pour toujours l'odeur de la première liqueur, bonne ou mauvaise, qu'on y verse. Quand cette foiblesse vient à être connüe, elle est pernicieuse, parce qu'elle donne pié aux artifices de la malice. Ceux qui ont de mauvaises intentions se hâtent de donner

leur teinture à la crédulité. Il faut
donc laisser une place vuide pour la
révision. Qu'Alexandre garde son
autre oreille pour la partie adverse ;
qu'il laisse une porte ouverte à la
seconde et à la troisième information. C'est une marque d'incapacité
de s'en tenir à la première, et même
un défaut qui approche fort de l'entêtement.

MAXIME CCXXVIII.

*N'avoir ni le bruit ni le renom
d'avoir méchante langue.*

CAR c'est passer pour un fléau
universel. Ne sois point ingénieux aux dépens d'autrui ; ce qui
est encore plus odieux que pénible.
Chacun se venge du médisant en di-
sant mal de lui ; et comme il est
seul, il sera bien plutôt vaincu, que
les autres, qui sont en grand nombre, ne seront convaincus. Le mal ne
doit jamais être un sujet de contentement ni de commentaire. Le médi-

sant est haï pour toujours; et, si
quelquefois de grans personnages
conversent avec lui, c'est plutôt pour
le plaisir d'entendre ses lardons, que
par aucune estime qu'ils fassent de
lui. Celui qui dit du mal s'en fait
toujours dire encore davantage.

MAXIME CCXXIX.

*Savoir partager sa vie en
homme d'esprit.*

NON pas selon que se présentent
les occasions, mais par prévoïance, et par choix. Une vie qui n'a
point de relâche est pénible comme
une longue route où l'on ne trouve
point d'hôtelleries; une variété bien
entendüe la rend heureuse. La première pose doit se passer à parler
avec les morts. Nous naissons pour
savoir, et pour nous savoir nous-
mêmes, et c'est par les livres que
nous l'apprenons au vrai, et que nous
devenons des hommes faits. La seconde station se doit destiner aux

vivans ; c'est-à-dire qu'il faut voir ce qu'il y a de meilleur dans le monde, et en tenir registre. Tout ne se trouve pas dans un même lieu. Le Père universel a partagé ses dons, et quelquefois il s'est plû à en faire largesse au païs le plus misérable. La troisième pose doit être toute pour nous. Le suprême bonheur est de filosofer.

MAXIME CCXXX.

Ouvrir les yeux quand il est tems.

TOUS ceux qui voïent n'ont pas les yeux ouverts ; ni tous ceux qui regardent ne voïent pas. De refléchir trop tard, ce n'est pas un remède, mais un sujet de chagrin. Quelques-uns commencent à voir quand il n'y a plus rien à voir. Ils ont défait leurs maisons et dissipé leurs biens avant que de se faire eux-mêmes. Il est difficile de donner de l'entendement à qui n'a pas la volonté d'en avoir, et encore plus de donner la volonté à qui n'a point d'entendement. Ceux qui les environnent joüent avec eux comme avec des aveugles, et toute la compagnie s'en divertit ; et d'autant qu'ils sont sourds pour ouïr, ils n'ouvrent jamais les yeux pour voir. Cependant, il se trouve des gens qui fomentent cette insensibilité, parce que leur bien-être consiste à faire que les autres ne soient rien. Malheureux le cheval dont le maître n'a point d'yeux ! il sera difficile qu'il engraisse.

MAXIME CCXXXI.

Ne laisser jamais voir les choses qu'elles ne soient achevées.

TOUS les commencemens sont défectueux, et l'imagination en reste toujours prévenüe. Le souvenir d'avoir vu un ouvrage encore imparfait ne laisse pas la liberté de le trouver beau quand il est fait. Joüir tout à la fois d'un grand objet, c'est un obstacle à bien juger de chaque partie ; mais aussi c'est un plaisir

qui remplit toute l'idée. Ce n'est rien
avant que d'être *tout;* et quand une
chose commence d'être, elle est encore bien avant dans le *rien.* Voir
apprêter le manger le plus exquis,
cela provoque plus le dégoût que
l'appétit. Que tout habile maître se
garde donc bien de laisser voir ses
ouvrages en embryon; qu'il apprenne
de la Nature à ne les point exposer
qu'ils ne soient en état de pouvoir
paroître.

MAXIME CCXXXII.

Savoir un peu le commerce de la vie.

QUE tout ne soit pas théorie,
qu'il y ait aussi de la pratique.
Les plus sages sont faciles à tromper,
car bien qu'ils sachent l'extraordinaire, ils ignorent le style ordinaire
de vivre, qui est le plus nécessaire.
La contemplation des choses hautes
ne les laisse pas penser à celles qui
sont communes; et comme ils ignorent ce qu'ils devoient savoir le

premier, c'est-à-dire ce que chacun
sait, ils sont regardez avec étonnement, ou tenus pour des ignorans
par le vulgaire, qui ne s'arrête qu'au
superficiel. Que le Sage ait donc
soin d'apprendre du commerce de
la vie ce qu'il lui en faut pour n'être
ni la dupe, ni la risée des autres.
Qu'il soit homme de manîment, car
bien que ce ne soit pas là le plus
haut point de la vie, c'en est le plus
utile. A quoi sert le savoir, s'il ne se
met pas en pratique ? Savoir vivre
est aujourd'hui le vrai savoir.

MAXIME CCXXXIII.

Savoir trouver le goût d'autrui.

CAR autrement c'est faire un
déplaisir, au lieu d'un plaisir.
Quelques-uns chagrinent par où ils
pensent obliger, faute de bien connoître les esprits. Il y a des actions qui
sont une flatterie pour les uns, et une
offense pour les autres ; et souvent ce
que l'on croïoit être un service a été

un desservice. Quelquefois il a plus
coûté à faire un déplaisir qu'à faire
un plaisir. On perd et le don et le gré
qu'on en espéroit, à cause que l'on a
perdu le don de plaire. Comment satisfaire le goût d'autrui, si l'on ne le
sait pas? De là vient que quelques-uns
ont fait une censure en pensant faire
un éloge; punition qu'ils méritoient
bien. D'autres croïent divertir par
leur éloquence, et ils assomment
l'esprit par leur flux de bouche.

MAXIME CCXXXIV.

*N'engager jamais sa réputation
sans avoir des gages de
l'honneur d'autrui.*

LORSQU'ON a part au profit, il
ne faut dire mot; mais quand il
s'agit de perdre, il ne faut rien dissimuler. En fait d'intérêts d'honneur,
il faut toujours avoir un compagnon,
afin que la réputation d'autrui soit
obligée de prendre soin de la vôtre.
Il ne faut jamais se fier; et si on le

fait quelquefois, que ce soit avec tant
de précaution que celui à qui l'on
se fie n'en puisse prendre avantage.
Que le risque soit commun, et la
cause réciproque, afin que celui qui
est complice ne puisse pas s'ériger
en témoin.

MAXIME CCXXXV.

Savoir demander.

IL n'y a rien de plus difficile pour
quelques-uns, ni de plus facile
pour quelques autres. Il y en a qui
ne sauroient refuser, et, par conséquent, il ne faut point de crochet pour
tirer d'eux ce qu'on veut. Il y en a
d'autres dont le premier mot à toute
heure est *non ;* il est besoin d'adresse
avec eux. Mais à quelques gens qu'on
ait à demander, il faut bien prendre
son tems, comme, par exemple, au
sortir d'un bon repas, ou de quelque
autre récréation qui a mis en belle
humeur, en cas que la prudence de
celui qui est prié ne prévienne pas

l'artifice de celui qui prie. Les jours de réjoüissance sont les jours de faveur, parce que la joie du dedans rejaillit au dehors. Il ne faut pas se présenter lorsqu'on en voit refuser un autre, d'autant que la crainte de dire *non* est surmontée. Quand la tristesse est au logis, il n'y a rien à faire. Obliger par avance, c'est une lettre de change, lorsque le correspondant n'est pas un mal-honnête homme.

MAXIME CCXXXVI.

Faire une grâce de ce qui n'eût été
après qu'une récompense.

C'EST une adresse des plus grans politiques. Les faveurs qui précèdent les mérites sont la pierre de touche des hommes bien nez. Une grâce anticipée a deux perfections, l'une la promptitude, par où celui qui reçoit reste plus obligé ; l'autre qu'un même don, qui plus tard seroit une dette, par l'anticipation est une

pure grâce : moyen subtil de transformer les obligations, puisque celui
qui eût mérité d'être récompensé est
obligé d'user de reconnoissance. Je
suppose que ce sont des gens d'honneur ; car, pour les autres, ce seroit
leur mettre une bride plutôt qu'un
éperon, que de leur avancer la païe
de l'honneur.

MAXIME CCXXXVII.

*N'être jamais en part des secrets
de ses supérieurs.*

TU croiras partager des poires,
et tu partageras des pierres.
Plusieurs ont péri d'avoir été confidens. Il en est des confidens comme
de la croûte du pain dont on se sert
en guise de cuiller, laquelle risque
d'être avalée avec la soupe. La confidence du Prince n'est point une
faveur, mais un impost. Plusieurs
cassent leur miroir, à cause qu'il leur
montre leur laideur. Le Prince ne
sauroit voir celui qui l'a pu voir ; et

jamais un témoin du mal n'est vu de bon œil. Il ne faut jamais être trop obligé à personne, encore moins aux grans. Services rendus sont plus sûrs auprès d'eux que grâces reçües ; mais sur-tout, les confidences d'amitié sont dangereuses. Celui qui a confié son secret à un autre s'est fait son esclave ; et dans les Souverains, c'est une violence qui ne peut pas être de durée ; car ils aspirent avec impatience à racheter la liberté perduë, et pour y réüssir, ils bouleverseront tout, et même la raison. Maxime pour les secrets : *ni les oüir, ni les dire.*

MAXIME CCXXXVIII.

Connoître la pièce qui nous manque.

PLUSIEURS seroient de grans personnages, s'il ne leur manquoit pas un *quelque-chose* sans quoi ils n'arrivent jamais au comble de la perfection. Il se remarque en quelques-uns qu'ils pourroient valoir beaucoup s'ils vouloient suppléer à

bien peu. Aux uns manque le sérieux,
faute de quoi de grandes qualitez n'ont
point d'éclat en eux ; aux autres la douceur des manières ; défaut que ceux
qui les hantent découvrent bien-tôt, et
surtout dans les personnes constituées
en dignité. En quelques-uns on voudroit plus d'activité ; en quelques-autres plus de retenüe. Il seroit aisé de
suppléer à tous ces défauts, si l'on y
prenoit garde, car la réflexion peut faire de la coutume une seconde nature.

MAXIME CCXXXIX.

N'être pas trop fin.

IL vaut mieux être réservé. Savoir
plus qu'il ne faut, c'est émousser
la pointe de son esprit, d'autant que
d'ordinaire les subtilitez sont faciles
à rompre. La vérité bien autorisée
est plus sûre. Il est bon d'avoir de
l'entendement, mais non pas du flux
de bouche. Le trop de raisonnement
approche de la contestation. Un jugement solide, qui ne raisonne qu'au-

tant qu'il faut, est bien meilleur.

MAXIME CCXL.
Savoir faire l'ignorant.

QUELQUEFOIS le plus habile homme joüe ce personnage ; et il y a des occasions où le meilleur savoir consiste à feindre de ne pas savoir. Il ne faut pas ignorer, mais bien en faire semblant. Il importe peu d'être habile avec les sots, et prudent avec les fous. Il faut parler à chacun selon son caractère. L'ignorant n'est pas celui qui le fait, mais celui qui s'y laisse attraper ; c'est celui qui l'est, et non pas celui qui le contrefait. L'unique moïen de se faire aimer est de revêtir la peau du plus simple des animaux.

MAXIME CCXLI.
Souffrir la raillerie, mais
ne point railler.

L'UN est une espèce de galanterie ; l'autre une sorte d'engagement.

Celui qui se démonte dans une réjoüissance tient beaucoup de la bête,
et en montre encore davantage. La
raillerie excessive est divertissante ;
qui la sait souffrir se fait passer pour
un homme de grand fonds, au lieu
que celui qui s'en pique provoque
les autres à le piquer encore ; le meilleur est de la laisser passer sans la
relever. Les plus grandes véritez sont
toujours venües des railleries ; rien
ne demande plus de circonspection
ni d'adresse. Avant que de commencer, il faut savoir jusqu'où peut aller
la force d'esprit de celui avec qui
l'on veut plaisanter.

MAXIME CCXLII.
Poursuivre sa pointe.

QUELQUES-UNS ne sont bons
que pour commencer, et n'a-
chèvent jamais rien. Ils inventent,
mais ils ne continuent pas, tant ils ont
l'esprit inconstant. Ils n'acquièrent
jamais de réputation, parce qu'ils ne

vont jamais jusqu'au bout ; avec eux,
tout aboutit à demeurer court. En
d'autres, cela vient de leur impatience, et c'est le défaut des Espa-
gnols, comme la patience est la vertu
des Flamans. Ceux-ci voïent la fin
des affaires, et les affaires voïent la
fin de ceux-là. Ils süent jusqu'à ce
qu'ils vainquent la difficulté, et puis
ils se contentent de l'avoir vaincüe ;
ils ne savent pas profiter de leur victoire ; ils montrent qu'ils le peuvent,
mais qu'ils ne le veulent pas : mais
enfin, c'est toujours un défaut, ou
d'impossibilité, ou de légèreté. Si le
dessein est bon, pourquoi ne le pas
achever ? Et s'il est mauvais, pourquoi le commencer ? Que l'homme
d'esprit tüe donc son gibier, et que sa
peine ne s'arrête pas à le faire lever.

MAXIME CCXLIII.

N'être pas colombe en tout.

QUE la finesse du serpent ait
l'alternative de la candeur de

la colombe. Il n'y a rien de plus facile que de tromper un homme de
bien. Celui qui ne ment jamais croit
aisément, et celui qui ne trompe
jamais se confie beaucoup. D'être
trompé, ce n'est pas toujours une
marque de bêtise, car c'est quelquefois la bonté qui en est cause. Deux
sortes de gens savent bien prévenir
le mal, les uns parce qu'ils ont appris
ce que c'est à leurs dépens, et les
autres parce qu'ils l'ont appris aux
dépens d'autrui. L'adresse doit donc
être aussi soigneuse de se précaution-
ner, que la finesse l'est de tromper.
Prenez garde de n'être pas si homme
de bien que d'autres en prennent
occasion d'être mal-honnêtes gens.
Soïez mêlé de colombe et de serpent;
ne soïez pas monstre, mais prodige.

MAXIME CCXLIV.

Savoir obliger.

QUELQUES - UNS métamorfo-
sent si bien les grâces, qu'il

semble qu'ils les font, lors même qu'ils les reçoivent. Il y a des hommes si adroits qu'ils honorent en demandant, parce qu'ils transforment leur intérêt en l'honneur d'autrui. Ils ajustent les choses de telle sorte que vous diriez que les autres s'acquittent de leur devoir quand ils leur donnent, tant ils savent bien tourner sens dessus dessous l'ordre des obligations par une politique singulière ; du moins ils font douter lequel c'est qui oblige. Ils achètent tout le meilleur à force de loüer ; et quand ils témoignent de desirer une chose, l'on se tient honoré de la leur donner ; car ils engagent la courtoisie en faisant une dette de ce qui devoit être la cause de leur reconnoissance. C'est ainsi qu'ils changent l'obligation de passive en active ; en cela meilleurs politiques que grammairiens. Véritablement, c'est là une grande adresse ; mais c'en seroit encore une plus grande de la pénétrer, et de défaire un si fou marché en leur rendant

leurs civilitez, et en reprenant chacun le sien.

MAXIME CCXLV.

Raisonner quelquefois à rebours
du vulgaire.

CELA montre un esprit élevé. Un grand génie ne doit point esti-
mer ceux qui ne lui contredisent jamais, car ce n'est point une marque de leur affection pour lui, mais de leur amour propre. Qu'il se garde bien d'être la dupe de la flatterie en la païant, si ce n'est du mépris qu'elle mérite. Qu'il tienne même à honneur d'être censuré de quelques gens, et particulièrement de ceux qui médi-
sent de tous les gens de bien. Qu'il ait du chagrin, que ses actions soient au goût de toutes sortes de gens, attendu que c'est signe qu'elles ne sont pas telles qu'il faut ; ce qui est parfait étant remarqué de tres-peu de personnes.

MAXIME CCXLVI.

*Ne donner jamais de satisfaction
à ceux qui n'en demandent point.*

DE la donner trop grande à ceux
mêmes qui la demandent, c'est
une action de coupable. S'excuser
avant le tems, c'est s'accuser. Se
saigner lorsqu'on est en santé, c'est
faire signe au mal et à la malice de
venir. Une excuse anticipée réveille
un mécontentement qui dormoit.
L'homme prudent ne doit pas faire
semblant de s'apercevoir du soupçon
d'autrui, parce que c'est aller chercher son ressentiment ; il faut seulement tâcher de guérir ce soupçon
par un procédé honnête et sincère.

MAXIME CCXLVII.

*Savoir un peu plus, et vivre
un peu moins.*

D'AUTRES, au contraire, disent qu'un loisir honnête vaut
mieux que beaucoup d'affaires. Nous

n'avons rien à nous que le tems,
dont joüissent ceux mêmes qui n'ont
point de demeure. C'est un malheur
égal d'emploïer le précieux tems de
la vie en des exercices mécaniques,
ou dans l'embarras des grandes
affaires. Il ne se faut charger ni
d'occupations, ni d'envie ; c'est vivre
en foule et s'étouffer. Quelques-uns
étendent même ce précepte jusqu'à
la science. Ce n'est pas vivre que de
ne pas savoir.

MAXIME CCXLVIII.

Ne se pas laisser aller au dernier.

IL y a des hommes de dernière
impression (car l'impertinence
va toujours à quelque extrémité) ; ils
ont un esprit et une volonté de cire ;
le dernier y met le sceau, et efface
tous les autres. Ces gens-là ne sont
jamais gagnez, parce qu'on les perd
avec la même facilité ; chacun leur
donne sa teinture, ils ne valent rien
pour confidens ; ils sont enfans toute

leur vie, et, comme tels, ils ne font
que flotter parmi le flux et le reflux
de leurs sentimens et de leurs passions ; toujours boiteux de volonté et
de jugement, parce qu'ils se jettent
tantôt d'un côté, tantôt de l'autre.

MAXIME CCXLIX.

Ne point commencer à vivre par où
il faut achever.

QUELQUES-UNS prennent le
repos au commencement, et
laissent le travail pour la fin. L'essentiel doit aller le premier, et l'ac-
cessoire après, s'il y a lieu pour
cela. D'autres veulent trionfer avant
que de combattre. Quelques autres
commencent à savoir par ce qui leur
importe le moins, différant l'étude
des choses qui leur seroient utiles et
honorables, à un tems que la vie leur
doit manquer. A peine celui-ci a-t-il
commencé à faire sa fortune qu'il s'en
va. La méthode est également nécessaire, et pour savoir, et pour vivre.

MAXIME CCL.

Quand faut-il raisonner à rebours ?

LORSQU'ON nous parle à dessein de nous surprendre. Avec certaines gens, tout doit aller à contresens. Le *oui* est le *non ;* et le *non* le *oui.* Mésestimer une chose montre qu'on l'estime, attendu que celui qui la veut pour soi la fait moins valoir auprès des autres. Loüer n'est pas toujours dire du bien ; car quelques-uns, pour ne pas loüer les bons, affectent de loüer les méchans mêmes. Quiconque ne trouvera personne méchant ne trouvera personne bon.

MAXIME CCLI.

Il faut se servir des moïens humains,
comme s'il n'y en avoit point de
divins ; et des divins, comme
s'il n'y en avoit point
d'humains.

C'EST le précepte d'un grand Maître, il n'y faut point de commentaires.

MAXIME CCLII.

Ni tout à soi, ni tout à autrui.

L'UN et l'autre est une tyrannie toute commune. De vouloir être tout à soi, il s'ensuit que l'on veut tout pour soi. Ces gens-là ne savent rien relâcher de tout ce qui les accommode, non pas même un ïota ; ils obligent peu, ils se fient à leur fortune, mais d'ordinaire cet appui les trompe. Quelquefois il est bon de nous quitter pour les autres, afin que les autres se quittent pour nous. Quiconque tient un emploi commun, est par devoir l'esclave commun ; autrement on lui dira ce que dit un jour cette vieille à l'Empereur Hadrien : *Renonce donc à ta charge, comme tu fais à ton devoir.* Au contraire, il y en a qui sont tout aux autres, car la folie donne toujours dans l'excès, et est tres-malheureuse en ce point. Ils n'ont ni jour, ni heure à eux, et ils sont si peu à euxmêmes qu'il y en eut un qui en fut

appelé *l'Homme-à-tous*. Ils sont autres qu'eux jusque dans l'entendement, car ils savent pour tous, et
ignorent tout pour eux. Que l'homme
d'esprit sache que ce n'est pas lui
qu'on cherche, mais un intérest qui
est en lui, ou qui dépend de lui.

MAXIME CCLIII.

Ne se rendre pas trop intelligible.

LA pluspart n'estiment pas ce
qu'ils comprennent, et admi-
rent ce qu'ils n'entendent pas. Il faut
que les choses coûtent pour être
estimées. On passera pour habile,
quand on ne sera pas entendu. Il
faut toujours se montrer plus prudent, et plus intelligent qu'il n'est
besoin, avec celui à qui l'on parle,
mais avec proportion plutôt qu'avec
excès. Et, bien que le bon sens soit
de grand poids parmi les habiles
gens, le sublime est nécessaire pour
plaire à la pluspart du monde. Il
faut leur ôter le moïen de censurer,

en occupant tout leur esprit à concevoir. Plusieurs loüent ce dont ils ne
sauroient rendre raison quand on la
leur demande, parce qu'ils respectent
comme un mystère tout ce qui est
difficile à comprendre, et l'exaltent
à cause qu'ils l'entendent exalter.

MAXIME CCLIV.

*Ne pas négliger le mal parce qu'il
est petit.*

CAR un mal ne vient jamais tout
seul. Les maux, ainsi que les
biens, se tiennent comme des chaî-
nons. Le bonheur et le malheur vont
d'ordinaire à ceux qui ont le plus
de l'un ou de l'autre ; et de là vient
que chacun fuit les malheureux, et
cherche les heureux. Les colombes
mêmes, avec toute leur candeur,
s'arrêtent au plus proche donjon.
Tout vient à manquer à un malheureux, il se manque à lui-même en
perdant la tramontane. Il ne faut
pas réveiller le malheur quand il

dort. C'est peu de chose qu'un pas
glissant, et pourtant il est suivi d'une
chute fatale, sans qu'on puisse savoir
où le mal aboutira ; car, comme nul
bien n'est parfait, nul mal aussi n'est
au comble : celui qui vient du Ciel
demande de la patience ; et celui qui
vient du monde, de la prudence.

MAXIME CCLV.

Faire peu de bien à la fois,
mais souvent.

L'ENGAGEMENT ne doit jamais
surpasser le pouvoir ; quiconque donne beaucoup ne donne pas,
mais il vend. Il ne faut pas trop charger la reconnoissance, car celui qui
se verra dans l'impossibilité de satisfaire, rompra la correspondance.
Pour perdre beaucoup d'amis, il n'y
a qu'à les obliger à l'excès : faute
de pouvoir païer, ils se retirent, et
d'obligez, ils deviennent ennemis. La
statüe voudroit ne voir jamais son
sculpteur, ni l'obligé son bienfaiteur.

La meilleure méthode de donner
est de faire qu'il en coûte peu, et que
ce peu soit ardemment desiré, afin
qu'il en soit plus estimé.

MAXIME CCLVI.

*Se tenir toujours préparé contre
les attaques des rustiques, des
opiniâtres, des présomp-
tueux, et de tous les
autres impertinens.*

IL s'en rencontre beaucoup, et la
prudence consiste à n'en venir
jamais aux prises avec eux. Que le
Sage se mire tous les jours au miroir
de sa réflexion, pour voir le besoin
qu'il a de s'armer de résolution, et,
par ce moïen, il rompra tous les
coups de la folie. S'il y pense sérieu-
sement, il ne s'exposera jamais aux
risques ordinaires que l'on court à
se commettre avec les fous. L'homme
muni de prudence ne sera jamais
vaincu par l'impertinence. La navi-
gation de la vie civile est dangereuse,

parce qu'elle est pleine d'écüeils où
la réputation se brise. Le plus sûr
est de se détourner, en prenant
d'Ulysse des leçons de finesse. C'est
ici qu'une défaite artificieuse est de
grand service ; mais sur-tout sauve-
toi par la galanterie, car c'est le plus
court chemin pour sortir d'affaire.

MAXIME CCLVII.
N'en venir jamais à la rupture.

CAR la réputation en sort toujours ébréchée. Tout homme
est suffisant pour être ennemi, mais
non pas pour être ami. Tres-peu sont
en état de faire du bien, mais presque tous peuvent faire du mal. L'ai-
gle n'est pas en sûreté entre les bras
de Jupiter même, le jour qu'il offense
l'escarbot. Les ennemis couverts, qui
étoient aux aguets, soufflent le feu
dès qu'ils voïent la guerre déclarée.
D'amis qui se broüillent se font les
pires ennemis. Ils chargent des défauts d'autrui celui de leur propre

choix. Parmi les spectateurs de la rupture, chacun en parle comme il pense, et en pense ce qu'il desire. Ils condamnent les deux parties, ou d'avoir manqué de prévoïance au commencement, ou de patience à la fin, mais toujours de prudence. Si la rupture est inévitable, il faut au moins qu'elle soit excusable. Un refroidissement vaudra mieux qu'une déclaration violente. C'est ici qu'une belle retraite fait honneur.

MAXIME CCLVIII.
Chercher quelqu'un
qui aide à porter le faix
de l'adversité.

NE sois jamais seul, sur-tout dans les dangers ; autrement tu te chargerois de toute la haine. Quelques-uns pensent s'élever en prenant toute la surintendance, et ils se chargent de toute l'envie ; au lieu qu'avec un compagnon, l'on se garantit du mal, ou du moins l'on n'en porte

qu'une partie. Ni la fortune, ni le
caprice du peuple ne se joüent pas
si facilement à deux. Le médecin
adroit, qui n'a pas réüssi à la guérison
de son malade, ne manque jamais
d'en appeler un autre qui, sous le
nom de consultation, l'aide à soule-
ver le cercüeil. Partage donc la
charge et le chagrin, car il est insupportable d'être tout seul à souffrir.

MAXIME CCLIX.

Prévenir les offenses, et en faire
des faveurs.

IL y a plus d'habileté à les éviter
qu'à les venger. C'est une grande
adresse de faire son confident de celui que l'on eût eu pour adversaire;
de transformer en arcs-boutans de
sa réputation ceux qui menaçoient
de la détruire. Il sert beaucoup de
savoir obliger. On coupe le passage
à l'injure en la prévenant par une
courtoisie; et c'est savoir vivre que

de changer en plaisirs ce qui ne devoit causer que des déplaisirs. Place
donc ta confidence chez la malveillance même.

MAXIME CCLX.

Tu ne seras ni tout entier à personne,
ni personne tout entier à toi.

NI le sang, ni l'amitié, ni la plus
étroite obligation, ne suffisent
pas pour cela ; car il y va bien d'un
autre intérest d'abandonner son cœur
ou sa volonté. La plus grande union
admet exception, et même sans blesser les loix de la plus tendre amitié.
L'ami se réserve toujours quelque
secret, et le fils même cache quelque
chose à son père. Il y a des choses
dont on fait mystère aux uns, et que
l'on veut bien communiquer aux autres ; et au contraire : de sorte que
l'homme se donne, ou se refuse tout
entier, selon qu'il distingue les gens
de sa correspondance.

MAXIME CCLXI.

Ne point continuer une sottise.

QUELQUES-UNS se font un engagement de leurs bévües ; lorsqu'ils ont commencé à faillir, ils croïent qu'il est de leur honneur de continuer. Leur cœur accuse leur faute, et leur bouche la défend. D'où il arrive que s'ils ont été taxez d'inadvertance lorsqu'ils ont commencé la sottise, ils se font passer pour fous lorsqu'ils la continüent. Une promesse imprudente, ni une résolution mal prise n'imposent point d'obligation. C'est ainsi que quelques-uns continüent leur première bêtise, et font remarquer davantage leur petit esprit, en se piquant de paroître de constans impertinens.

MAXIME CCLXII.

Savoir oublier.

C'EST un bonheur plutôt qu'un art. Les choses qu'il vaut mieux

oublier sont celles dont on se souvient le mieux. La mémoire n'a pas
seulement l'incivilité de manquer au
besoin, mais encore l'impertinence
de venir souvent à contretems. Dans
tout ce qui doit faire de la peine elle
est prodigue ; et dans tout ce qui
pourroit donner du plaisir elle est
stérile. Quelquefois le remède du
mal consiste à l'oublier, et l'on oublie le remède. Il faut donc accoutumer la mémoire à prendre un
autre train, puisqu'il dépend d'elle
de donner un paradis ou un enfer.
J'excepte ceux qui vivent contens,
car, en l'état de leur innocence, ils
joüissent de la félicité des idiots.

MAXIME CCLXIII.

*Beaucoup de choses qui servent
au plaisir ne se doivent pas
posséder en propre.*

L'ON joüit davantage de ce qui
est à autrui que de ce qui est
à soi. Le premier jour est pour le

maître, et tous les autres pour les étrangers. On joüit doublement de ce qui est aux autres, c'est-à-dire non seulement sans craindre de le perdre, mais encore avec le plaisir de la nouveauté. La privation fait trouver tout meilleur. L'eau de la fontaine d'autrui est aussi délicieuse que le nectar. Outre que la possession diminüe le plaisir de la joüissance, elle augmente le chagrin, soit à prêter, soit à ne pas prêter ; elle ne sert qu'à conserver les choses pour autrui ; et d'ailleurs le nombre des mécontens est toujours plus grand que celui des gens reconnoissans.

MAXIME CCLXIV.

N'avoir point de jour négligé.

LE sort se plaît à la surprise, il laissera passer mille occasions pour prendre, un jour, son homme au dépourvu. L'esprit, la prudence et le courage doivent être à l'épreuve, et pareillement la beauté, d'autant

que le jour de sa confiance sera celui
de la perte de son crédit. La précaution a toujours manqué au plus grand
besoin. Le *n'y pas penser* est le croc-
en-jambe qui fait tomber. D'ailleurs,
c'est une ruse ordinaire de la malice
d'autrui de joüer de surprise contre
les perfections, pour en faire un examen plus rigoureux. Les jours d'ostentation se savent bien, et la finesse
fait semblant de n'y pas songer ; mais
elle choisit le jour auquel on ne s'attend à rien, pour sonder tout ce que
l'on sait faire.

MAXIME CCLXV.

Savoir engager ses dépendans.

UN engagement fait à propos a
mis beaucoup de gens en cré-
dit, ainsi qu'un naufrage fait les bons
nageurs. C'est par là que plusieurs
ont développé leur industrie et leur
habileté, qui eût resté ensevelie dans
leur retraite si l'occasion ne se fût
pas présentée. Les difficultez et les

dangers sont les causes et les aiguillons de la réputation. Un grand courage, qui se trouve en des occasions d'honneur, fait autant de besogne que mille autres. La Reine Catholique Isabelle sut éminemment cette leçon d'engager, ainsi que toutes les autres ; et le Grand Capitaine dut toute sa réputation à cette politique adresse, qui fut cause aussi que beaucoup d'autres devinrent de grans hommes.

MAXIME CCLXVI.

N'être pas méchant
d'être trop bon.

CELUI-LA n'est bon à rien, qui ne se fâche jamais. Les insensibles tiennent peu du véritable homme. Ce caractère ne vient pas toujours d'indolence, mais souvent d'incapacité. Se ressentir quand il faut, c'est une action de maître-homme. Les oiseaux se moquent d'abord des apparences des figures en

relief. Mêler l'aigre et le doux, c'est
la marque d'un bon goût. La douceur toute seule ne sied qu'aux enfans et aux idiots. C'est un grand
mal que de donner dans cette insensibilité, à force d'être trop bon.

MAXIME CCLXVII.

Paroles de soie.

LES flèches percent le corps, et
les mauvaises paroles l'âme.
Une bonne paste fait bonne bouche.
C'est une grande adresse dans la vie
que de savoir vendre l'air. Presque
tout se païe avec des paroles, et elles
suffisent pour dégager de l'impossible. L'on négocie en l'air, et avec de
l'air ; et une haleine vigoureuse est
de longue durée. Il faut avoir la
bouche toujours pleine de sucre pour
confire les paroles, car alors les ennemis même y prennent goût. L'unique
que moïen d'être aimable, c'est d'être
affable.

MAXIME CCLXVIII.
*Le Sage doit faire au commencement
ce que le Fou fait à la fin.*

L'UN et l'autre font la même chose, la différence est que l'un la fait à tems, et l'autre à contre-tems. Celui qui, au commencement, s'est chauffé l'entendement à re-bours, continuë de même dans tout le reste. Il tire avec les piez ce qu'il devoit porter sur la tête, et de sa main droite il en fait sa main gauche ; de sorte qu'il est gaucher dans toute sa conduite. Au bout du compte, il arrive toujours que ces gens-là font par force ce qu'ils eussent pu faire de bon gré ; au lieu que le Sage voit d'abord ce qui se doit faire de bonne heure, ou à loisir, et l'exécute avec plaisir et réputation.

MAXIME CCLXIX.
Se prévaloir de sa nouveauté.

TANT qu'elle durera, l'on sera estimé. Elle plaît universellement à cause de sa variété qui réveille le goût. On estime plus une chose commune qui est toute nouvelle, qu'une rareté que l'on voit souvent. Les excellences s'usent et vieillissent bien-tôt. Cette gloire de la nouveauté durera peu, au bout de quatre jours on lui perdra le respect. Prévaus-toi donc des premices de l'estime, en tirant à la hâte tout ce que tu peux attendre d'une complaisance passagère ; car si une fois la chaleur d'être tout récent vient à se passer, la passion se refroidira, et ce qui plaisoit comme nouveau, déplaira comme commun. Chaque chose a eu son tems, et puis a été négligée.

MAXIME CCLXX.

*Ne point condamner tout seul
ce qui plait à plusieurs.*

CAR il faut qu'il y ait quelque chose de bon, puisque tant de gens en sont contens ; et bien que cela ne s'explique point, on ne laisse

pas d'en joüir. La singularité est
toujours odieuse, et lorsqu'elle est
mal fondée, elle est ridicule. Elle
décriera plutôt la personne que l'objet, et par conséquent, on restera seul
avec son mauvais goût. Que celui qui
ne sait pas discerner le bon, cache
son peu d'esprit, et ne se mêle pas
de condamner à la volée ; car le
mauvais goût naît ordinairement de
l'ignorance. Ce que tout le monde
dit est, ou veut être.

MAXIME CCLXXI.

Que celui qui sait peu dans sa
profession, s'en tienne tou-
jours au plus certain.

CAR s'il ne passe pas pour subtil,
il passera du moins pour so-
lide. Celui qui sait peut s'engager, et
faire à sa fantaisie ; mais de savoir
peu, et de risquer, c'est un précipice
volontaire. Tiens toujours la main
droite ; ce qui est autorisé ne sauroit
manquer. A peu de savoir, chemin

roïal ; et encore la sûreté vaut mieux
que la singularité, tant pour le savant
que pour l'ignorant.

MAXIME CCLXXII.

*Vendre les choses à prix de
courtoisie.*

C'EST le moïen d'obliger davantage. La demande de l'intéressé
n'égalera jamais la bonne grâce à
donner d'un cœur généreux obligé.
La courtoisie ne donne pas, mais elle
engage, et la galanterie est ce qui
rend l'obligation plus grande. Rien
ne coûte plus cher à un homme de
bien que ce qu'on lui donne galamment ; c'est le lui vendre deux fois,
et à deux prix différens, l'un de ce
que vaut la chose, et l'autre de ce que
vaut la bonne grâce. Mais il est vrai
que la galanterie n'est pas une marchandise à l'usage des coquins, parce
qu'ils n'entendent rien au savoir-
vivre.

MAXIME CCLXXIII.

*Connoître à fond le caractère de
ceux avec qui l'on traite.*

L'EFFET est bientôt connu,
quand on connoît la cause ; on
le connoît premièrement en elle, et
puis en son motif. Le mélancolique
augure toujours des malheurs, et le
médisant des fautes. Tout le pire
s'offre toujours à leur imagination ;
et comme ils ne voient point le bien
présent, ils annoncent le mal qui
pourroit arriver. L'homme prévenu
de passion parle toujours un langage
différent de ce que sont les choses,
la passion parle en lui, et non pas la
raison ; chacun juge selon son caprice
ou son humeur, et pas un selon la
vérité. Apprens donc à déchiffrer un
faux-semblant, et à épeler les caractères du cœur. Etudie-toi à connoître
celui qui rit toujours sans raison, et
celui qui ne rit jamais à faux. Défie-
toi d'un grand questionneur, comme
d'un imprudent ou d'un espion.

N'attens presque rien de bon de ceux qui ont quelque défaut naturel au corps ; car ils ont coutume de se venger de la Nature, en lui faisant aussi peu d'honneur qu'elle leur en a fait. D'ordinaire la sottise est à proportion de la beauté.

MAXIME CCLXXIV.
Avoir le don de plaire.

C'EST une magie politique de courtoisie, c'est un crochet galant, duquel on doit se servir plutôt à attirer les cœurs qu'à tirer du profit, ou plutôt à toutes choses. Le mérite ne suffit pas, s'il n'est secondé de l'agrément, dont dépend toute la *plausibilité* des actions. Cet agrément est le plus efficace instrument de la souveraineté. Il y va de bonheur de mettre les autres en appétit ; mais l'artifice y contribüe. Partout où il y a un grand naturel, l'artificiel y réüssit encore mieux. C'est de là que tire son origine un je-ne-sai-quoi

qui sert à gagner la faveur universelle.

MAXIME CCLXXV.

*Se conformer à l'usage, mais non
pas à la folie commune.*

NE tiens pas toujours ta gravité,
c'est une partie de la galanterie de relâcher quelque chose de
la bienséance pour gagner la bienveillance commune. Quelquefois on
peut passer par où passent les autres,
et pourtant sans indécence. Celui
qui est tenu pour fou en public, ne
sera pas tenu pour sage en particulier. L'on perd plus en un jour de
licence, que l'on ne gagne par un
long sérieux ; mais il ne faut pas
être toujours d'exception. Estre singulier, c'est condamner les autres ;
c'est encore pis d'affecter des airs
précieux, cela se doit laisser aux
femmes ; quelquefois même les dévots
se rendent ridicules ; le meilleur d'un
homme est de le paroître. La femme

peut avoir bonne grâce d'affecter
un air viril, mais l'homme ne sauroit honnêtement s'en donner un de
femme.

MAXIME CCLXXVI.
*Savoir renouveler son génie
par la nature et par l'art.*

ON dit que l'homme change de
caractère de sept en sept ans ;
à la bonne heure, si c'est pour se
perfectionner le goût. Dans les premiers sept ans la raison lui vient.
Qu'il fasse en sorte qu'à chaque changement il lui vienne quelque nouvelle
perfection. Il doit observer cette ré-
volution naturelle pour la seconder,
et pour aller toujours de mieux en
mieux dans la suite. C'est par là que
plusieurs ont changé de conduite,
soit dans leur état, ou dans leur
emploi ; et quelquefois on ne s'en
aperçoit pas jusqu'à ce que l'on voïe
l'excès du changement. A vingt ans
ce sera un paon ; à trente un lion ;

à quarante un chameau ; à cinquante
un serpent ; à soixante un chien ; à
soixante-dix un singe ; à quatre-vingt
rien.

MAXIME CCLXXVII.
L'homme d'ostentation.

CE talent donne du lustre à tous
les autres. Chaque chose a son
tems, et il faut épier ce tems, car
chaque jour n'est pas un jour de
trionfe. Il y a des gens d'un caractère particulier, en qui le peu paroît
beaucoup, et que le beaucoup fait
admirer. Lorsque l'excellence est
jointe avec l'étalage, elle passe pour
un prodige. Il y a des nations osten-
tatives, et l'Espagnole l'est au suprême degré. La montre tient lieu
de beaucoup, et donne un second
estre à tout, et particulièrement
quand la réalité la cautionne. Le
Ciel, qui donne la perfection, y joint
aussi l'ostentation, car sans elle toute
perfection seroit dans un état vio-

lent. A l'ostentation, il y faut de l'art. Les choses les plus excellentes dépendent des circonstances, et par conséquent elles ne sont pas toujours de saison. Toutes les fois que l'ostentation s'est faite à contretems, elle a mal réüssi, rien ne souffre moins l'affectation ; et c'est toujours par cet endroit que l'ostentation échoüe, parce qu'elle approche fort de la vanité, et que celle-ci est tres-sujette au mépris. Elle a besoin d'un grand tempérament pour ne pas donner dans le vulgaire ; car son trop l'a déjà décréditée parmi les gens d'esprit. Quelquefois elle consiste dans une éloquence muette, et dans l'art de montrer la perfection comme par manière d'acquit ; car une sage dissimulation est une parade *plausible,* cette même privation aiguillonnant plus vivement la curiosité. Sa grande adresse est de ne pas montrer toute sa perfection en une seule fois, mais seulement par pièces, et comme si l'on étoit après à la peindre pour en découvrir toujours davantage. Il faut qu'un bel échantillon engage à montrer quelque chose qui soit encore plus beau ; et que l'applaudissement donné à la première pièce fasse desirer impatiemment de voir toutes les autres.

MAXIME CCLXXVIII.

Fuir en tout d'être remarquable.

A l'être trop, les perfections mêmes seront des défauts ; celui-ci vient de la singularité, et la singularité a toujours été censurée. Quiconque fait le singulier, demeure seul. La politesse même est ridicule si elle est excessive, elle offense quand elle donne trop dans la vüe ; à plus forte raison les singularitez extravagantes doivent-elles choquer. Cependant, quelques-uns veulent être connus par les vices mêmes, jusques à chercher la nouveauté dans la méchanceté, et à se piquer d'avoir un si mauvais renom. En fait d'habileté, le trop dégénère en charlatanerie.

MAXIME CCLXXIX.

Laisser contredire sans dire.

IL faut distinguer quand la contradiction vient de finesse, ou de
rusticité ; car ce n'est pas toujours
une opiniâtreté, quelquefois c'est un
artifice. Prens donc garde à ne te
pas engager dans l'une, ni laisser
tomber dans l'autre. Il n'y a point
de peine mieux emploïée que celle
d'épier ; ni de méilleure contrebatterie contre ceux qui veulent cro-
cheter la serrure du cœur, que de
mettre la clef de la retenüe en dedans.

MAXIME CCLXXX.

L'homme de bon aloi.

IL ne reste plus de bonne foi, les
obligations sont mises en oubli,
il y a peu de bonnes correspon-
dances. Au meilleur service la pire
récompense. Aujourd'hui le monde

est fait ainsi. Il y a des nations entières enclines à mal agir : des unes
la trahison en est toujours à craindre ;
des autres l'inconstance ; et de quelques autres la tromperie. Sers-toi
donc de la mauvaise correspondance
d'autrui, non comme d'un exemple
à imiter, mais comme d'un avertis-
sement d'être sur tes gardes. L'intégrité court risque de biaiser à la
vüe d'un procédé malhonnête ; mais
l'homme de bien n'oublie jamais ce
qu'il est, à cause de ce que sont les
autres.

MAXIME CCLXXXI.

L'approbation des habiles gens.

UN tiède *oui* d'un grand homme
est plus à estimer que l'applaudissement de tout un peuple.
Quand on a une arête dans le gosier,
le reniflement ne fait point respirer.
Les Sages parlent avec jugement, et,
par conséquent, leur approbation
cause une satisfaction immortelle.

Le prudent Antigonus faisoit consister toute sa renommée dans le seul témoignage de Zénon, et Platon appeloit Aristote toute son école. Quelques-uns ne se soucient que de remplir leur estomac, sans regarder si c'est une denrée commune. Les Souverains mêmes ont besoin des bons écrivains, dont les plumes leur sont plus à craindre qu'un portrait naïf aux femmes laides.

MAXIME CCLXXXII.

*Se servir de l'expédient de l'absence
pour se faire respecter
ou estimer.*

SI la présence diminüe la réputation, l'absence l'augmente. Celui qui, étant absent passe pour un lion, ne paroît qu'une souris étant présent. Les perfections perdent leur lustre si on les regarde de trop près, parce qu'on regarde plutôt l'écorce de l'extérieur, que la substance et l'intérieur de l'esprit. L'imagination

porte bien plus loin que la vûe ; et
la tromperie qui, d'ordinaire entre
par les oreilles, sort par les yeux.
Celui qui se conserve dans le centre
de la bonne opinion que l'on a de
lui, conserve sa réputation. Le phénix même se sert de la retraite et
du desir pour se faire estimer et
regretter davantage.

MAXIME CCLXXXIII.

Estre homme de bonne invention.

L'INVENTION marque un excès
d'esprit, mais où se trouvera-
t-elle sans un grain de folie ? L'invention est le partage des esprits
vifs, et le bon choix celui des esprits
solides. La première est plus rare, et
plus estimée, attendu que beaucoup
de gens ont réüssi à bien choisir, et
tres-peu à bien inventer et à avoir
la primauté de l'excellence, aussi
bien que celle du tems. La nouveauté
est insinuante et, si elle est heureuse,

elle relève doublement ce qui est bon. Dans les choses où il y va de jugement, elle est dangereuse, à cause qu'elle donne dans le paradoxe ; dans celles où il ne s'agit que de subtilité, elle est loüable ; et si la nouveauté et l'invention rencontrent bien, elles sont *plausibles*.

MAXIME CCLXXXIV.

Ne te mêle point des affaires d'autrui, et tu ne seras point mal dans les tiennes.

ESTIME-TOI, si tu veux que l'on t'estime. Sois plutôt avare que prodigue de toi. Fais-toi desirer, et tu seras bien reçu. Ne viens jamais que l'on ne t'appelle, et ne va jamais que l'on ne t'envoïe. Celui qui s'engage de son chef, se charge de toute la haine s'il ne réüssit pas ; et, quand il réüssit, on ne lui en sait point de gré. L'homme qui est trop intrigant est le but du mépris ; et comme il s'introduit sans honte, il est repoussé avec confusion.

MAXIME CCLXXXV.
Ne se pas perdre avec autrui.

SACHE que celui qui est dans le bourbier ne t'appelle que pour se consoler à tes dépens, quand tu seras embourbé avec lui. Les malheureux cherchent quelqu'un qui leur aide à porter leur affliction. Tel qui, durant leur prospérité, leur tournoit le dos, leur tend maintenant la main. Il faut bien aviser à ne se pas noïer en voulant secourir ceux qui se noïent.

MAXIME CCLXXXVI.
Ne se pas laisser obliger entièrement,
ni par toutes sortes de gens.

CAR ce seroit devenir l'esclave commun. Les uns sont nez plus heureux que les autres : les premiers pour faire du bien, et les seconds pour en recevoir. La liberté est plus pré-

cieuse que tout don, et c'est la perdre
que de recevoir. Il vaut mieux tenir
les autres dans la dépendance, que
de dépendre d'un seul. La souveraineté n'a point d'autre commodité
que de pouvoir faire plus de bien.
Sur-tout, garde-toi de tenir aucune
obligation pour faveur ; sois persuadé
que le plus souvent l'on ne cherchera
à t'obliger que pour t'engager.

MAXIME CCLXXXVII.
N'agir jamais durant la passion.

AUTREMENT on gâtera tout.
Que celui qui n'est pas à soi
se garde bien de rien faire par soi, car
la passion bannit toujours la raison ;
qu'il substituë pour lors un média-
teur prudent, lequel sera tel, s'il est
sans passion. Ceux qui voïent joüer
les autres, jugent mieux que ceux
qui joüent, parce qu'ils ne se pas-
sionnent pas. Quand on se sent de
l'émotion, la retenuë doit battre la
retraite, de peur de s'échauffer da-

vantage la bile ; car alors tout se
feroit violemment, et par quelques
momens de furie, l'on s'apprêteroit
le sujet d'un long repentir et d'un
grand murmure.

MAXIME CCLXXXVIII.

Vivre selon l'occasion.

SOIT l'action, soit le discours,
tout doit être mesuré au tems.
Il faut vouloir quand on le peut ; car
ni la saison, ni le tems, n'attendent
personne. Ne règle point ta vie sur
des maximes générales, si ce n'est
en faveur de la vertu ; ne prescris
point de loix formelles à ta volonté,
car tu seras dès demain forcé de
boire de la même eau que tu mé-
prises aujourd'hui. L'impertinence
de quelques-uns est si paradoxe,
qu'elle va jusqu'à prétendre que
toutes les circonstances d'un projet
s'ajustent à leur manie, au lieu de
s'accommoder eux-mêmes aux circonstances. Mais le Sage sait que le

nord de la prudence consiste à se
conformer au tems.

MAXIME CCLXXXIX.

*Ce qui décrédite davantage un
homme, est de montrer
qu'il est homme.*

ON cesse de le tenir pour divin,
sitôt qu'on s'aperçoit qu'il tient
beaucoup de l'homme. La légèreté
est le plus grand contrepoids de la
réputation. Comme l'homme grave
passe pour plus qu'un homme, de
même l'homme léger passe pour
moins qu'un homme. Nul vice ne
décrédite tant que la légèreté, d'autant qu'elle s'oppose en face à la
gravité. L'homme léger ne sauroit
être substantiel, et sur-tout s'il est
vieux, attendu que son âge exige plus
de prudence. Et quoique ce défaut
soit si commun, il ne laisse pas d'être
étrangement décrié dans chaque particulier.

MAXIME CCXC.

*C'est un bonheur de joindre l'estime
avec l'affection.*

POUR être respecté, il ne faut pas être trop aimé ; l'amour est plus hardi que la haine ; l'affection et la vénération ne s'accordent guère ensemble : et quoiqu'il ne faille pas être trop craint, il n'est pas bon d'être trop aimé. L'amour introduit la familiarité, et à mesure que celle-ci entre, l'estime sort. Il vaut mieux être aimé avec respect qu'avec tendresse ; tel est l'amour que demandent les grans hommes.

MAXIME CCXCI.

Savoir faire une tentative.

QUE l'adresse de l'homme judi-cieux contrepèse la retenüe de l'homme fin. Il faut un grand jugement pour mesurer celui d'autrui. Il vaut bien mieux connoître le caractère des esprits, que la vertu des herbes et des pierres ; c'est là un des plus grans secrets de la vie. L'on connoît les métaux au son, et les personnes au parler. L'intégrité se reconnoît aux paroles, mais encore plus aux effets. C'est ici qu'il est besoin de beaucoup de pénétration, de circonspection, et de précaution.

MAXIME CCXCII.

Estre au-dessus, et non au-dessous de son emploi.

QUELQUE grand que soit le poste, celui qui le tient doit se montrer encore plus grand. Un homme qui a de quoi fournir, va toujours en croissant, et en se signalant davantage dans ses emplois ; au lieu que celui qui a le cœur étroit, se trouve bientôt arrêté, et est enfin réduit à ne pouvoir remplir ses obligations, ni soutenir sa réputation. Auguste se piquoit d'être plus grand homme que grand Prince. C'est ici

qu'il sert beaucoup d'avoir du cœur,
et une confiance raisonnable en soi-
même.

MAXIME CCXCIII.
De la maturité.

ELLE éclate dans l'extérieur,
mais encore plus dans les
mœurs. La gravité matérielle rend
l'or précieux, et la gravité morale la
personne. Cette gravité est l'ornement des qualitez, par la vénération
qu'elle leur attire. L'extérieur de
l'homme est la façade de l'âme. La
maturité n'est pas une sotte contenance, ni une affectation de gestes
précieux, comme le disent les étour-
dis ; mais une autorité mesurée. Elle
parle par sentences, et agit toujours
à propos. Elle suppose un homme
fait, c'est-à-dire qui tient autant du
grand personnage que de l'homme
meur. Dès que l'homme cesse d'être
enfant, il commence d'être grave, et
de se faire valoir.

MAXIME CCXCIV.

Se modérer dans ses opinions.

CHACUN juge selon son intérêt, et abonde en raisons dans tout ce que son *appréhension* lui représente. La pluspart des hommes font céder la raison à la passion. De deux personnes qui sont d'avis contraire, l'une et l'autre présume que la raison est de son côté ; mais elle, qui est toujours fidèle, n'a jamais été à deux visages. C'est au Sage de réfléchir sur un point si délicat ; et par son doute il corrigera l'entêtement des autres. Qu'il se mette quelquefois du côté de son adversaire, pour examiner sur quoi il se fonde ; et cela fera qu'il ne le condamnera pas, ni qu'il ne se donnera pas lui-même si facilement cause gagnée.

MAXIME CCXCV.

Faire, sans faire l'homme d'affaires.

CEUX qui en ont le moins, sont ceux qui veulent en paroître

accablez ; ils font mystère de tout, et
encore avec le plus grand froid du
monde. Ce sont des caméléons d'applaudissement, mais de qui chacun
rit à gorge déploïée. La vanité a toujours été insupportable, mais ici elle
est bafoüée. Ces petites fourmis d'honneur vont mendiant la gloire des
grans exploits. Montre le moins que
tu pourras tes plus éminentes qualitez. Contente-toi de faire, et laisse
aux autres de le dire. Donne tes
belles actions, mais ne les vends
point. Il ne faut jamais loüer des
plumes d'or pour les faire écrire sur
de la boüe, qui est choquer tout ce
qu'il y a de gens sages. Pique-toi
plutôt d'être un héros que de le
paroître.

MAXIME CCXCVI.

L'homme de prix et de qualitez
majestueuses.

LES grandes qualitez font les
grans hommes ; une seule de

celles-là est équivalente à toutes les médiocres ensemble. Autrefois, un homme se piquoit de n'avoir rien que de grand chez lui, même jusqu'aux plus communs ustensiles. A plus forte raison un grand personnage doit-il faire en sorte que toutes les perfections de son esprit soient grandes. Comme tout est immense et infini en Dieu, tout doit être grand et majestueux dans un héros ; toutes ses actions, et même toutes ses paroles, doivent être revêtües d'une majesté transcendante.

MAXIME CCXCVII.

*Faire tout, comme si l'on avoit
des témoins.*

C'EST un homme digne de considération que celui qui considère qu'on le regarde, ou qu'on le regardera. Il sait que les parois écoutent, et que les méchantes actions crèveroient plutôt que de ne pas sortir. Lors même qu'il est seul, il fait comme s'il étoit en la présence de tout le monde, parce qu'il sait que tout se saura. Il regarde comme des témoins presens ceux qui, par leur découverte, le seront après. Celui-là ne craignoit point que ses voisins tinssent registre de tout ce qu'il faisoit dans sa maison, qui desiroit que tout le monde le vît.

MAXIME CCXCVIII.

L'esprit fécond, le jugement profond,
et le goût fin.

CES trois choses font un prodige, et sont le plus grand don de la libéralité divine. C'est un grand avantage de concevoir bien, et encore un plus grand de bien raisonner, et sur-tout d'avoir un bon entendement. L'esprit ne doit pas être dans l'épine du dos, ce qui le rendroit plus pénible qu'aigü. Bien penser, c'est le fruit de l'estre raisonnable. A vingt ans, la volonté règne ; à trente, l'esprit ; à quarante, le jugement. Il y a des esprits qui, comme les yeux du lynx, jettent d'eux-mêmes la lumière, et qui sont plus intelligens quand l'obscurité est plus grande. Il y en a d'autres qui sont d'*impromptu,* lesquels donnent toujours dans ce qui est le plus à propos. Il leur vient toujours beaucoup, et tout bon ; fécondité tres-heureuse ; mais un bon goût assaisonne toute la vie.

MAXIME CCXCIX.
Laisser avec la faim.

IL faut laisser les gens avec le nectar sur les lèvres. Le desir est la mesure de l'estime. Jusque dans la soif du corps, c'est une finesse de bon goût que de la provoquer, et de ne la contenter jamais entièrement. Le bon est doublement bon lorsqu'il y en a peu. Le rabais est grand à la seconde fois. La joüissance trop pleine est dangereuse, car elle est cause que l'on méprise la plus haute perfection. L'unique

règle de plaire est de trouver un
appétit que l'on a laissé affamé. S'il
le faut provoquer, que ce soit plutôt
par l'impatience du desir, que par le
dégoût de la joüissance. Une félicité
qui coûte de la peine, contente doublement.

MAXIME   CCC.
Enfin, être saint.

C'EST dire tout en un seul mot.
La vertu est la chaîne de toutes
les perfections, et le centre de toute
la félicité. Elle rend l'homme prudent, attentif, avisé, sage, vaillant,
retenu, intègre, heureux, *plausible*,
véritable, et héros en tout. Trois S
le font heureux : la santé, la sagesse,
la sainteté. La vertu est le soleil du
petit monde, et a la bonne conscience
pour hémisphère. Elle est si belle,
qu'elle gagne la faveur du Ciel et de
la Terre. Il n'y a rien d'aimable
qu'elle, ni de haïssable que le vice.
La vertu est une chose tout-à-bon,

tout le reste n'est qu'une moquerie.
La capacité et la grandeur se doivent
mesurer sur la vertu, et non pas sur
la fortune. La vertu n'a besoin que
d'elle-même, elle rend l'homme
aimable durant sa vie, et
mémorable après
sa mort.

FIN

TABLE
DES MAXIMES.

TABLE
DES MAXIMES.

FIN

DE LA TABLE DES
MAXIMES

LES ornements de la présente
édition ont été dessinés et
gravés sur bois par Alfred
Latour. Son tirage, achevé le
douze Juin mil neuf cent vingt-
quatre, sur les presses de l'Imprimeur Léon Pichon, à Paris, a
été limité à quatre cent quatre-
vingt-dix exemplaires numérotés,
savoir :

Vingt exemplaires sur japon
de Shidzuoka, numérotés de
1 à 20 ;

Quatre cent cinquante exemplaires sur vélin à la cuve des
Papeteries d'Arches, numérotés
de 21 à 470 ;

Et vingt exemplaires hors
commerce, sur différents
papiers, numérotés
de I à XX.

EXEMPLAIRE

N°

www.ingramcontent.com/pod-product-compliance
Lightning Source LLC
LaVergne TN
LVHW051956060726
842528LV00002B/323